知识·行动·品格

Knowledge·Action·Character

——思想政治教育运作机制新论

王亚鹏 ◎ 著

目 录
CONTENTS

引言 / 1
  一、问题的提出与研究意义 / 1
  二、研究现状述评 / 3
  三、研究思路与创新点 / 17

第一章 思想政治教育运作机制的相关概念、核心要素与理论基础 / 23
  第一节 思想政治教育运作机制的相关概念 / 25
    一、机制与思想政治教育运作机制 / 25
    二、观念与思想政治教育 / 26
  第二节 思想政治教育运作机制的核心要素 / 32
    一、思想政治教育构成要素及其运作机制 / 32
    二、思想政治教育学范畴体系的构建 / 34
  第三节 思想政治教育运作机制的理论基础 / 36
    一、马克思主义哲学系统论 / 36
    二、马克思主义哲学范畴论 / 38
    三、知识社会学理论 / 49

四、品格德性理论 / 51
五、心理学相关理论 / 52
六、生态学相关理论 / 53

第二章　知识：思想政治教育促成观念内化的基础性要素 / 55

第一节　知识的定义与分类 / 57
一、知识的定义 / 57
二、知识的分类 / 61

第二节　知识在促成观念内化中的作用 / 66
一、知识是意识的对象 / 66
二、知识的价值负载和传播衍化作用 / 67

第三节　知识促成观念内化的内在机理 / 68
一、观念内化于受教育者中的理论逻辑 / 69
二、知识生成于社会意识形态中的实践逻辑 / 71

第三章　行动：思想政治教育激发观念外化的关键性要素 / 75

第一节　行动概念的溯源、辨析与行动的本质属性 / 77
一、行动概念的溯源 / 77
二、行动概念的辨析 / 78
三、行动的本质属性 / 80

第二节　行动在激发观念外化中的作用 / 82
一、行动与言说构成受教育者的存在方式 / 82
二、行动促进观念在公共空间中的生成 / 83

第三节　行动激发观念外化的内在机理 / 84
一、知识与行动的关系 / 85
二、受教育者的利益诉求是其行动的前提条件 / 87

三、受教育者的身份认同是其行动的最终目的 / 87

第四章　品格:思想政治教育增进观念固化的根本性要素 / 89
第一节　品格的概念、结构与传统 / 91
　　　一、品格的概念流变 / 91
　　　二、品格的结构特征 / 92
　　　三、西方的品格德性伦理传统 / 93
　　　四、中国的品格德性伦理传统 / 96
第二节　品格在增进观念固化中的作用 / 99
　　　一、品格具有形塑个体自我同一性的作用 / 99
　　　二、品格具有建构社会伦理共识的作用 / 101
第三节　品格增进观念固化的内在机理 / 103
　　　一、个体品格凝聚成型的演化脉络 / 103
　　　二、品格拟制社会共同体的实现过程 / 105

第五章　思想政治教育运作机制中的教育主体要素 / 109
第一节　思想政治教育的教育主体类型 / 111
　　　一、思想政治教育的主要承担者 / 111
　　　二、思想政治教育的重要承载者 / 113
　　　三、思想政治教育的特殊中介者 / 116
第二节　学校是思想政治教育的主要阵地 / 119
　　　一、学校思想政治教育课程知识的价值遵循 / 119
　　　二、学校思想政治教育课程知识的确定 / 121
　　　三、学校思想政治教育课程知识的转化 / 122
第三节　思想政治教育的社会支撑体系 / 124
　　　一、政治体制对思想政治教育的决定作用 / 125

二、政党对思想政治教育的领导作用　/　127
　　三、法律和政策对思想政治教育的支撑作用　/　129
　　四、社会组织对思想政治教育的促进作用　/　130

第六章　思想政治教育运作机制要素之间的交互关系　/　133
第一节　知识、行动、品格三者之间的关系　/　135
　　一、真知、善行、美德　/　135
　　二、知识、行动、品格在思想政治教育中的运作逻辑　/　138
第二节　人类认知过程对思想政治教育运作机制的启示　/　144
　　一、人类认知过程的发展规律　/　145
　　二、人类认知过程的核心环节及其具体应用　/　149
第三节　运作机制要素在社会道德教育生态系统中的融合　/　156
　　一、社会道德教育生态系统、思想政治教育系统与学校的关系　/　156
　　二、道德教育生态过渡带的构建　/　160
　　三、运作机制要素在社会道德教育生态系统中的发展趋势　/　165

参考文献　/　175

后记　/　185

引 言

一、问题的提出与研究意义

自1984年中国普通高等学校设立思想政治教育专业以来,思想政治教育学科在原理、方法论、发展史、前沿问题研究等方面取得了长足发展,学科基础逐渐夯实。由邱伟光、张耀灿主编的《思想政治教育学原理》一书,将思想政治教育的研究对象规定为人的思想政治品德形成和发展以及对人们进行思想政治教育的规律,并且较为系统地对思想政治教育机制进行了研究。[①] 书中指出,思想政治教育机制是按照一定方式和规律运行的动态系统,思想政治教育机制的功能依赖于各构成要素之间的相互衔接、协调运转以及功能的健全。[②] 此后,思想政治教育机制论受到学界的广泛关注。思想政治教育机制论的提出,体现了思想政治教育学科理论研究的进一步深化。

任何一门学科的理论形态都是由一系列范畴构成的,对范畴进行研究是学科进入理性阶段的重要标志,反映了学科的发展程度。由张耀灿、陈万柏主编的《思想政治教育学原理》一书认为,思想政治教育过程包括三个环

[①] 邱伟光,张耀灿.思想政治教育学原理[M].北京:高等教育出版社,1999:8.
[②] 邱伟光,张耀灿.思想政治教育学原理[M].北京:高等教育出版社,1999:206.

节:(1)确定目标,制订计划;(2)实施影响,促成转化;(3)信息反馈,评估控制。① 这三个环节前后相继、相互渗透,构成了思想政治教育的全过程。那么,这些环节包括哪些要素呢? 学界有不同的观点。本书在综合分析各方观点的基础上认为,思想政治教育学范畴体系由核心要素(知识、行动、品格、教育主体)和其他若干基本要素共同构成。研究思想政治教育运作机制的原理,就是要重点研究知识、行动、品格、教育主体这四个核心要素相互作用和发展变化的规律。同时,通过对这四个核心要素的理论梳理,可以探究受教育者观念内化、外化和固化的过程,而这个过程形成了受教育者和国家、社会互动的生态系统。

思想政治教育学科既有其自身特点,即坚持以马克思主义基本原理作为理论基础,同时又从哲学、政治学、教育学、心理学、伦理学、社会学等学科中汲取知识养料,是一门综合性较强的新兴学科。那么,如何把握思想政治教育学科的内涵和定位,推进学科理论的进一步发展,是当下值得重点思考的问题。笔者认为,选择思想政治教育运作机制进行研究,可以进一步厘清学科疆域,这样既能坚持学科特性,又能促进学科之间的交叉共生。

值得一提的是,虽然知识、行动、品格、教育主体等要素也在其他学科中作为基本概念使用,但这些要素的阶级性和实践性正是思想政治教育学科区别于其他学科的鲜明特征。思想政治教育运作机制,是指思想政治教育的各构成要素按照一定的组合方式而形成的机理和运行方式,它主要研究思想政治教育的各构成要素之间相互作用的方式,以及这些构成要素为实现整体目标是如何运作的。通过对知识、行动、品格、教育主体这四个核心要素的理论梳理,可以探究受教育者行为自觉化和价值内化的过程,而这也就形成了受教育者的内生态系统。此外,由于个人都处于一定的社会环境

---

① 张耀灿,陈万柏.思想政治教育学原理[M].北京:高等教育出版社,2001:91-92.

之中,因此研究思想政治教育运作机制还要分析受教育者的内生态系统与教育生态环境之间的关系。

二、研究现状述评

(一) 思想政治教育机制的研究梳理

思想政治教育机制的理论研究在思想政治教育学科建设过程中发挥了基础性作用,同时这也是一项跨学科的理论研究,涉及教育学、心理学、政治学、管理学等诸多学科的内容。学界围绕思想政治教育机制的概念、要素、类型等方面进行了一系列研究与讨论。

1. 思想政治教育机制概念的研究

由陆庆壬主编的《思想政治教育学原理》一书较早地提出了"机制"一词。书中指出,思想政治教育管理机制是把思想政治教育的系统决策付诸实施,并取得预期效果的保证。[①] 随后,邱伟光在《思想政治教育学概论》一书中指出,教育机制是指思想政治教育过程中选择的工作方式。[②]

由邱伟光、张耀灿主编的《思想政治教育学原理》一书第一次比较系统地研究了思想政治教育机制论,标志着思想政治教育机制论成为思想政治教育学的重要组成部分。之后,学界对相关理论进行了更深入的研究和阐释。王敏在《论思想政治教育机制》一文中指出,思想政治教育机制是指思想政治教育运行过程中,各构成要素通过某种机理形成的因果联系和运转方式。[③] 廖志诚在《论思想政治教育机制的内涵及功能》一文中指出,思想政治教育机制是指思想政治教育运行过程中,各构成要素之间相互联系和

---

① 陆庆壬.思想政治教育学原理[M].上海:复旦大学出版社,1986:266.
② 邱伟光.思想政治教育学概论[M].天津:天津人民出版社,1988:179.
③ 王敏.论思想政治教育机制[J].理论与改革,1999(5):118-120.

相互作用的制约关系及其功能。① 吴东莞、沈国权在《思想政治工作机制论》一书中指出,思想政治工作机制是指思想政治工作作为一个系统,基于内部构成要素之间的有机关联性和与外部诸因素之间的有机关联性而形成的因果联系和运转方式。② 石开斌在《大众文化视阈下的思想政治教育机制创新》一文中指出,思想政治教育机制是指思想政治教育系统各个组成部分相互联系、相互制约、相互作用的联结模式,以及通过它们之间的有序作用而完成整体目标、实现其整体功能的运行方式。③ 陈秉公在《思想政治教育学原理》一书中指出,思想政治教育过程的机制是指思想政治教育矛盾转化中,内在各要素趋向教育目标的有效性联系。④ 万美容在《论思想政治工作运行机制的建构》一文中指出,思想政治工作运行机制就是基于思想政治工作系统内部各要素之间相互联系、相互作用、相互制约的联结方式而建构起来的工作体制、管理规范和工作方式等。⑤

经过一段时间的发展,思想政治教育机制相关概念的研究进入了成熟期,这个时期的代表性学者马奇柯系统梳理了相关研究成果。在《思想政治教育机制要素及其特性分析》一文中,马奇柯对思想政治教育机制的内涵、要素和特性等内容进行了深入研究,进一步明确了思想政治教育机制的概念。文中指出,思想政治教育机制是指思想政治教育各要素的构成方式、作用方式,以及由此产生的思想政治教育活动的整体运行方式和人们对思想政治教育活动运行的有效调节方式的总称。⑥ 陈淑丽、罗洪铁在《思想政治教育机制及相关概念辨析》一文中也提出了思想政治教育机制的定义。文

---

① 廖志诚.论思想政治教育机制的内涵及功能[J].思想政治教育研究,2007(1):36-38.
② 吴东莞,沈国权.思想政治工作机制论[M].北京:军事科学出版社,2008:2-3.
③ 石开斌.大众文化视阈下的思想政治教育机制创新[J].黑龙江高教研究,2009(2):111-114.
④ 陈秉公.思想政治教育学原理[M].沈阳:辽宁人民出版社,2001:186.
⑤ 万美容.论思想政治工作运行机制的建构[J].探索,2000(4):66-68.
⑥ 马奇柯.思想政治教育机制要素及其特性分析[J].学校党建与思想教育,2008(4):19-22.

中指出,思想政治教育机制是指思想政治教育系统各构成要素在遵循一定机理的基础上相互作用所形成的比较稳定的关系及其内在运行过程和方式。①

诸多学者从不同角度阐述了思想政治教育机制的概念,马奇柯对各方观点进行了总结,虽然有一些理论遗漏和概念分类不够清晰的问题,但比较有代表性。他在《思想政治教育机制研究述评》一文中归纳概括了关于思想政治教育机制概念的十种学说:(1)制度说。所谓思想政治教育机制,就是指规范的、稳定的、可操作的、可考核的一整套规章制度。(2)运行说。思想政治教育机制是基于思想政治工作系统内部各要素之间相互联系、相互作用、相互制约的联结方式而建构起来的工作体制、管理规范和工作方式等。(3)组织结构说。思想政治教育机制是思想政治工作系统各构成要素的总和以及各相关功能的耦合,是按照一定的方式和规律运行的动态系统。(4)利益调配说。思想政治教育机制是思想政治教育主体的利益调配及其运行过程。(5)方法说。思想政治教育必须探索建立一套适应新形势的新方法和新机制。(6)模式说。思想政治教育机制循环往复地运行,必然会形成一定的思想政治教育模式。(7)机能说。思想政治教育机制是指思想政治工作发挥其正常效用的各种积极因素的相互关系的重组和机能的再生。(8)心理保护说。思想政治教育机制就是基于人们的心理活动规律而建立起来的心理与思想的互动机制。(9)中介说。思想政治教育机制反映了思想政治教育过程中,思想政治教育系统各侧面、各层次的整体功能及其运行规律,是实现思想政治教育目的的中介和桥梁。(10)环节说。思想政治教育总是按一定的体制来开展的,思想政治教育体制是思想政治教育过程中

---

① 陈淑丽,罗洪铁.思想政治教育机制及相关概念辨析[J].思想理论教育导刊,2012(2):79-82.

的重要一环。①

随着讨论的不断深入,关于思想政治教育机制概念的看法正趋于一致,目前已初步形成以下共识:一是思想政治教育机制是一个具有系统意义的范畴。思想政治教育是一个有机系统,研究思想政治教育机制,既要考察思想政治教育系统的构成要素,又要探讨这些构成要素所具有的功能及其相互作用关系。二是思想政治教育机制是一个具有动态意义的范畴。思想政治教育机制反映和揭示的是思想政治教育构成要素之间的相互作用关系及其运行过程。三是思想政治教育机制是一个具有规律性的范畴。思想政治教育机制的建立要以思想政治教育规律为依据,同时它的运行还要遵循自身的规律。

2. 思想政治教育机制要素的研究

思想政治教育机制是一种由诸多要素构成的体系。徐志远等人在《建立思想政治教育机制是现代思想政治教育学的重要范畴》一文中指出,思想政治教育机制主要由八个方面的要素构成:思想政治教育运行的主体、思想政治教育的目的、思想政治教育机制运行的动力、思想政治教育机制运行的环境、思想政治教育运行的控制、思想政治教育运行的方式、思想政治教育运行的程序、思想政治教育运行的保障。② 马奇柯在《思想政治教育机制要素及其特性分析》一文中提出,思想政治教育机制包括思想政治教育的基本要素、内在关系、机理运用、制度规范这四个基本要素,并阐释了四个基本要素之间的相互关系:思想政治教育的要素保证了机制有效性的发挥,使得机制有了明确的运行场所和作用范围。内在关系是把机制诸要素统一起来的结构表现。机理运用是机制存在和表现的样式,使得机制的形式更为丰富。

---

① 马奇柯.思想政治教育机制研究述评[J].求实,2006(5):83-86.
② 徐志远,潘晔,张煜.建立思想政治教育机制是现代思想政治教育学的重要范畴[J].理论界,2007(2):137-138.

制度规范作为机制的内容,更多是一种逻辑性规定。它既使机制有了形式化的内容,也使机制有了规范化的意义。如果制度规范缺失,机制就失去了规范的基础。它们各自的状态如何,每个要素与其他要素的关系如何,都直接影响着思想政治教育机制运行的整体状态。①

值得一提的是,笔者在梳理相关文献资料时发现,目前关于思想政治教育机制要素的研究主要有以下三个方面的不足:其一,对思想政治教育机制要素的分类的研究不足。相关学说较为庞杂无序,缺乏对要素的分类的更深层次的研究和梳理。其二,对思想政治教育机制要素微观层面的研究不足。虽然已有研究对机制的内涵、功能、特性、类型等进行了深入探讨,但是对机制要素的产生路径、机制运行所需的主客观条件、机制运行需要遵循的规律等缺乏研究。其三,对国外思想政治教育机制要素探究成果的研究不足。虽然有不少关于各国思想政治教育机制的比较专题研究,但这些研究缺乏对相关成果的借鉴和运用分析。

3. 思想政治教育机制类型的研究

根据不同的角度,思想政治教育机制有不同的划分,其中最具代表性的是马奇柯所划分的十个角度及其对应的类型:(1)从领导角度来看,主要有领导机制和工作机制之分。领导机制主要是基于组织优势、人才优势、思想政治工作优势的管事、管人、管思想的统一。工作机制主要是领导机制的具体化。(2)从管理角度来看,主要有启动机制、调控机制、评估机制、保障机制之分。(3)从功能角度来看,主要有政治导向机制、思想教育机制、道德规范机制、氛围营造机制之分,还有教育机制、管理机制、服务机制、约束机制等类型。(4)从组织结构角度来看,包括工作运行机制和组织运行机制两个方面。(5)从过程角度来看,可以分为内化机制和外化机制、内部传导机制和外部传导机制、自下而上机制、自上而下机制和上下结合机制等类型。

---

① 马奇柯.思想政治教育机制要素及其特性分析[J].学校党建与思想教育,2008(4):19-22.

(6)从接受角度来看,有动力机制(外在动力、内在动力)、目标机制(一致性、层次性、阶段性)、保障机制(自律机制、评价机制、约束机制)、环境机制等类型。(7)从制度角度来看,思想政治教育的相关制度化建设应该包括两个层面的问题:其一是健全思想政治工作自身的制度问题,其二是把思想教育说服与制度约束规范结合起来。(8)从系统要素角度来看,有思想政治教育主客体互动机制,教育内容、方式、目标互动机制,思想政治教育主体与教育内容、方式、目标三者之间的互动机制,思想政治教育客体与教育内容、方式、目标三者之间的互动机制等类型。其中主客体互动机制是根本,是其他机制运行的前提和基础。(9)从隐显程度角度来看,可以分为隐运行机制和显运行机制。(10)从协调关系角度来看,可以分为内运行机制和外运行机制。①

此外,有的学者提出了思想政治教育的理性认同机制、情感认同机制、利益互动机制、自律转化机制和制度保障机制等类型。有的学者提出,思想政治教育要健全反馈机制、注重渗透机制、建立评估机制、完善保障机制。还有的学者认为,要创新领导机制,以实现思想政治教育的现代化;要创新运行机制,以实现思想政治教育的科学化;要创新保障机制,以保证思想政治教育状态的最优化;要创新评估机制,以确保思想政治教育效果的最大化。在突发事件处理上,思想政治教育机制包括预测预报机制、信息调控机制、沟通交流机制、教育引导机制、疗伤诊治机制、反馈学习机制、舆论导向机制、心理导向机制、宣传鼓动机制、典型示范机制、骨干影响机制等类型。②

以上研究为进一步理解思想政治教育机制的运作规律提供了借鉴价

---

① 马奇柯.思想政治教育机制的内涵研究[J].理论探讨,2006(4):174-176.
② 冯刚,郑永廷.思想政治教育学科30年发展研究报告[M].北京:光明日报出版社,2014:336.

值:思想政治教育机制的要素必须在机制运行中发挥作用;思想政治教育机制的类型划分是在思想政治教育的具体实践活动中形成的,体现了思想政治教育学科的客观规律,尤其是外部知识被受教育者内化后的隐运行机制和通过受教育者行动外显的显运行机制,展现了思想政治教育的运作过程;情感认同、利益互动、自律转化和制度保障等机制展现了基本要素对核心要素相互关系的保障。

(二) 思想政治教育学范畴的研究梳理

徐志远等人在《建立思想政治教育机制是现代思想政治教育学的重要范畴》一文中指出,研究思想政治教育的机制要素必须同时考察思想政治教育学科的概念范畴,而且在一定意义上,学科的概念范畴决定了机制要素的构成和分类。

1. 思想政治教育学范畴定义的研究

陈秉公认为,所谓思想政治教育学范畴,是思想政治教育学的基本概念,是认识和掌握思想政治教育"现象之网的网上纽结"。它是在大量思想政治教育实践基础之上概括出来的基本概念和理性符号,是人们认识和把握思想政治教育理论和实践的工具。[①]

徐志远认为,从广义上来说,思想政治教育学范畴是指反映和概括思想政治教育学所研究的特殊领域的各种现象及其特性、关系、方面等基本内容。依此界说,思想政治教育学范畴便广泛地包括:思想政治教育学的研究对象、理论基础、实践历史等的所有基本概念,思想政治教育学的规律、地位、作用等的所有基本概念,思想政治教育学的目标、内容、原则等的所有基本概念,以及思想政治教育学的效果评估、队伍建设、领导管理等的所有基

---

① 陈秉公.思想政治教育学原理[M].沈阳:辽宁人民出版社,2001:99.

本概念。从这个意义上来说,整个思想政治教育学就是由一系列不同层次的思想政治教育学范畴所构成的。思想政治教育学范畴是构成思想政治教育学的基本单元。从狭义上来说,思想政治教育学范畴是指思想政治教育学的基本范畴,是反映和概括思想政治教育学所研究的特殊领域中各种现象之间最本质、最重要、最稳定、最普遍的特性和关系的基本概念,如思想与行为、教育主体与教育客体、内化与外化等。①

2. 思想政治教育学范畴特征的研究

李焕明认为,思想政治教育学范畴应该具备以下四个方面的特性:一是要符合思想政治教育学学科对象的特点,具有动态联系性;二是要符合思想政治教育学的分析方法,具有层次梯级性;三是要有思想政治教育学专业知识的特点,反映思想政治教育的本质和规律;四是要合乎思想政治教育学的学科规范要求,具有现实指导性。② 张耀灿等人认为,思想政治教育学范畴具有以下特性:第一,客观性。思想政治教育学范畴反映着思想政治教育固有的本质和规律,具有不以人的主观意志为转移的客观实在性。第二,流动性。思想政治教育学范畴的内容、数量会随着思想政治教育实践的发展而得到不断丰富和发展。第三,抽象性。思想政治教育学范畴是理论抽象的产物,是从感性的具体到科学的抽象。第四,阶级性。思想政治教育学范畴的理论内容具有鲜明的无产阶级党性和思想性。③ 徐志远指出,思想政治教育学基本范畴有五个基本逻辑特征,即客观和主观的统一、实践和认识的统一、抽象和具体的统一、相对和绝对的统一、整体性和层次性的统

---

① 徐志远.思想政治教育学范畴:涵义、特征及功能[J].武汉大学学报(社会科学版),2002(2):227-231.
② 李焕明.思想政治教育学基本范畴[J].山东师范大学学报(人文社会科学版),2002(1):116-118.
③ 张耀灿,郑永廷,吴潜涛,等.现代思想政治教育学[M].北京:人民出版社,2006:12-14.

一。① 邱柏生、董雅华指出,范畴作为学科的基石应该具备客观性与主观性、独特性与普适性、抽象性与具体性、涵盖性与精到性的特征。②

3. 思想政治教育学范畴分类的研究

易仲屏认为,思想政治工作学的基本范畴只有一个,即思想与行为。③ 张成存、臧树华认为,思想政治工作的基本范畴有"思想和行为""教育和组织"这两对。④ 李焕明认为,灌输与互动、理解与激励、内化与外化等范畴应成为思想政治教育学的基本范畴。⑤ 常永军认为,思想政治教育学科的基本范畴较少,包括思想政治教育者和思想政治教育对象、思想政治教育目标和思想政治教育内容、思想政治教育原则和思想政治教育方法、思想政治教育环境和思想政治教育载体。⑥ 刘书林、陈立思认为,可以将思想政治教育过程中最基本的五对辩证关系概括为五对范畴,它们是超越性和现实性、规范性和个性、理性和非理性、认识和价值、思想和行为。⑦ 孙文营认为,思想政治教育学基本范畴包括:起因范畴(个人与社会),主体范畴(教育者与教育对象),客体范畴(教育环境、教育目标、教育内容、教育方法),过程范畴(内化与外化),终点范畴(思想与行为)。⑧ 张耀灿、陈万柏认为,思想政治教育学基本范畴有以下五对:个人与社会、思想与行为、教育主体与教育客体、内化与外化、教育与管理。⑨ 徐志远认为,思想政治教育学基本范畴的逻辑结构是一个由相互联系、相互作用的,从简单到复杂、从抽象到具

---

① 徐志远.论思想政治教育学基本范畴的逻辑特征[J].求实,2001(12):61-63.
② 邱柏生,董雅华.思想政治教育学新论[M].上海:复旦大学出版社,2012:34-38.
③ 易仲屏.思想与行为:思想政治工作学的基本范畴[J].思想政治工作研究,1991(6):23.
④ 张成存,臧树华.试论思想政治工作学的基本范畴[J].思想政治工作研究,1986(5):17-18.
⑤ 李焕明.思想政治教育学基本范畴[J].山东师范大学学报(人文社会科学版),2002(1):116-118.
⑥ 常永军.思想政治教育学科基本范畴之我见[J].思想政治教育研究,2008(4):25-27.
⑦ 刘书林,陈立思.青年思想政治教育学原理[M].北京:中国青年出版社,1999:59.
⑧ 孙文营.思想政治教育学基本范畴体系划分的新视角[J].思想教育研究,2005(4):10-12.
⑨ 张耀灿,陈万柏.思想政治教育学原理[M].北京:高等教育出版社,2001:7-10.

体的起点范畴、中心范畴、中介范畴、结果范畴和终点范畴构成的立体动态结构。其中,起点范畴是思想与行为,中心范畴是教育主体与教育客体,中介范畴是疏通与引导、言教与身教、物质鼓励与精神鼓励、教育与管理,结果范畴是内化与外化,终点范畴是个人与社会。① 罗洪铁认为,思想政治教育学基本范畴有以下七对:思想与行为、教育者与受教育者、教育与管理、个体与群体、自教与他教、物质鼓励与精神鼓励、理论与实践。② 张耀灿等人将思想政治教育学范畴划分为不同的类型:以思想政治教育学范畴存在的性质和状态为划分标准,思想政治教育学范畴可以划分为实体范畴、属性范畴和关系范畴。实体范畴指反映思想政治教育的客观内容、实在基础以及各个环节的范畴;属性范畴指反映思想政治教育的内部、本质的联系所规定的特性、属性和功能的范畴;关系范畴指反映思想政治教育各种现象之间的对应联系、联结联系和综合联系等普遍关系的范畴。以思想政治教育学范畴在范畴体系中的作用大小为划分标准,思想政治教育学范畴可以划分为基本范畴、重要范畴和具体范畴。基本范畴指反映思想政治教育学所研究的特殊领域中各种现象之间最本质、最重要、最稳定、最普遍的特性和关系的范畴;重要范畴指在思想政治教育过程中起重大作用的,并能揭示思想政治教育学中某些规律的,而又能为完备的思想政治教育学科理论体系创造一定条件的范畴;具体范畴指思想政治教育学中可以直接用来分析和解决思想政治教育的具体问题,并直接反映思想政治教育这一具体现象的本质的范畴。以思想政治教育学范畴在范畴体系中的高低层次不同为划分标准,思想政治教育学范畴可以划分为高层次范畴、中层次范畴和低层次范畴。高层次范畴即基本范畴,中层次范畴即重要范畴,低层次范畴即具体

---

① 徐志远.试论思想政治教育学基本范畴的逻辑结构[J].上海交通大学学报(社会科学版),2002(1):36-40.
② 罗洪铁.思想政治教育学专题研究[M].重庆:西南师范大学出版社,1999:89-115.

范畴。①

4. 思想政治教育学范畴功能的研究

张耀灿等人认为,思想政治教育学范畴的主要功能有三个方面:第一,认识功能。思想政治教育学范畴不仅有助于揭示思想政治教育现象及其本质规律,而且是深化认识和研究的基点。第二,方法功能。思想政治教育学范畴在认识思想政治教育现象中发挥方法、工具的作用。第三,构建功能。思想政治教育学范畴是思想政治教育学的基本单元,为学科理论体系构建提供思维形式。② 徐志远认为,思想政治教育学基本范畴具有工具功能(指思想政治教育学基本范畴作为思维和认识的工具,在认识和把握思想政治教育理论和实践、把握思想政治教育学基本范畴系统的整体及思维从抽象上升到具体中的功能)、方法功能(指思想政治教育学基本范畴作为认识方法,在建构和完善基本范畴系统中所体现出来的、对指导思想政治教育学科建设具有方法论意义的功能)、构建功能(指构建、补充和完善思想政治教育学科理论体系及规律认识的功能)等逻辑功能。③

5. 思想政治教育学范畴与其他概念之间关系的研究

徐志远、张丰清分析了范畴和规律的联系:首先,从现代思想政治教育学范畴和规律所揭示的内容来看,它们都是思想政治教育的本质联系或关系在人们头脑中的反映;其次,从现代思想政治教育学范畴和规律的表现形态来看,它们都是人们认识思想政治教育的思维形式;再次,从现代思想政治教育学范畴和规律的作用来看,它们都是人们在思想政治教育实践基础上形成的,是人们认识思想政治教育过程中的一定阶段,反过来它们又为人

---

① 张耀灿,郑永廷,吴潜涛,等.现代思想政治教育学[M].北京:人民出版社,2006:9-11.
② 张耀灿,郑永廷,吴潜涛,等.现代思想政治教育学[M].北京:人民出版社,2006:14-15.
③ 徐志远.论思想政治教育学基本范畴的逻辑功能[J].求实,2003(4):59-62.

们的思想政治教育实践服务。① 徐志远还考察了思想政治教育学范畴与哲学范畴的关系,两者的关系主要表现在:现代思想政治教育学范畴只有以哲学范畴特别是辩证法范畴作为指导,才能深刻地揭示自身范畴的辩证本性,才能使自身范畴成为认识思想政治教育辩证法的思维工具,而哲学范畴只有以各门具体科学包括现代思想政治教育学的范畴研究为前提,才能从这些丰富的思维材料中概括和总结出具有更大普遍性的哲学范畴,才能丰富和发展哲学范畴。哲学范畴的理论是形成和发展现代思想政治教育学范畴的哲学依据,而各门具体科学(包括现代思想政治教育学)范畴的理论则是哲学范畴形成、建立体系的丰富思维材料。②

6. 思想政治教育学范畴体系内在逻辑关系的研究

郭春娥认为,思想政治教育学范畴体系所包含的基本范畴、重要范畴、具体范畴三个层次之间不是孤立存在的,而是相互联系、相互制约、不断变化发展的有机整体。也就是说,思想政治教育学范畴体系从高层次的基本范畴出发,到达低层次的具体范畴而结束,终点又回到了出发点,这就形成了整个范畴层次运动的全部过程。思想政治教育学的范畴体系正是在这种相互联系、相互影响、相互促进和相互制约的过程中不断发展完善的,从而构成一个层次分明、严密科学的范畴体系。③ 张耀灿等人认为,研究思想政治教育学范畴体系的内在逻辑关系,要研究范畴之间的纵向关系,从动态上弄清各种范畴运行和发展的历史链条以及它们之间的联系和转化。纵向关系包括:(1)主从关系。指基本范畴统领并指导着非基本范畴,非基本范畴

---

① 徐志远,张丰清.略论现代思想政治教育学范畴与规律的关系[J].理论界,2007(6):113-114.
② 徐志远.现代思想政治教育学范畴研究的几个理论问题[J].思想理论教育,2007(17):13-17.
③ 郭春娥.思想政治教育学范畴层次性探微[J].高等函授学报(哲学社会科学版),1997(1):8-10.

依赖和从属于基本范畴。(2)组合关系。指一个范畴可能由众多范畴组合而成。(3)连锁关系。指思想政治教育学范畴之间存在一定顺序关系。(4)互补关系。指通过范畴之间的相互联系、相互补充,共同为完善思想政治教育学理论体系创造条件。同时,要研究范畴之间的横向关系,从静态上弄清各个范畴之间的相互联系、相互作用,以及各个范畴之间的对立统一关系。①

7. 思想政治教育学范畴体系构建原则的研究

王新刚认为,思想政治教育学范畴体系的建构应该遵循三个原则:一是客观反映思想政治教育活动,体现现实抽象性的原则;二是必须依据辩证逻辑学中辩证范畴理论的指导,体现逻辑与历史相统一的原则;三是必须反映思想政治教育学的特殊实践性,内含思想政治教育学的特殊矛盾和基本规律,能够推演出整个思想政治教育学的学科体系。② 张耀灿等人认为,构建思想政治教育学范畴体系应该坚持实践性原则、全面性原则、开放性原则、创新性原则。③ 徐志远认为,建构思想政治教育学基本范畴及其系统要坚持五个基本原则,即客观全面性原则、实践求是性原则、动态开放性原则、创新前瞻性原则和系统综合性原则。④ 之后,徐志远撰文进一步强调,现代思想政治教育学基本范畴系统,是反映现代思想政治教育学基本范畴整体及其各要素、层次之间的相互联系和作用的思维形式系统。建构现代思想政治教育学的基本范畴及其系统,必须遵循以下方法论原则:逻辑与历史相统一的原则、从抽象上升到具体的原则,以及辩证法、认识论和逻辑学三者同

---

① 张耀灿,郑永廷,吴潜涛,等.现代思想政治教育学[M].北京:人民出版社,2006:11-12.
② 王新刚.思想政治教育学范畴体系的新探索[J].思想政治教育研究,2007(2):32-34.
③ 张耀灿,郑永廷,吴潜涛,等.现代思想政治教育学[M].北京:人民出版社,2006:25-27.
④ 徐志远.论思想政治教育学基本范畴及其系统的建构原则[J].中国青年政治学院学报,2003(4):53-57.

一的原则。①

前文展示的学术研究,主要关注了思想政治教育学范畴的定义、特征、分类、功能、与其他概念之间的关系、内在逻辑关系、构建原则等方面,大体上反映了学界对思想政治教育学范畴问题的思考,可以得出如下结论:第一,学界对思想政治教育学范畴的定义有比较集中一致的看法,认为范畴反映了思想政治教育学本质的必然的联系,是本学科的基本概念。第二,在关于思想政治教育学范畴的特征论述时,部分学者忽视了思想政治教育学范畴与一般范畴的区别,出现了把二者混为一谈的情况。作为一般中的特殊,思想政治教育学范畴有其自身特性,如果它的特性同样可以适用于教育学、政治学等学科,那么这个特性可能还需要再作进一步分解。第三,思想政治教育学范畴的分类比较庞杂,但在逐渐达成共识的过程中,教育者与受教育者、思想与行为、内化与外化、个人与社会等范畴受到普遍认可。第四,张耀灿、徐志远等人关注了思想政治教育学范畴的功能以及与其他概念之间的关系,观点比较集中,学者间分歧不多。第五,学界对于思想政治教育学范畴体系的内在逻辑关系基本达成共识,确定了基本范畴是最本质、最稳定、最普遍的高层次范畴。同时,张耀灿等人指出,思想政治教育学范畴之间有纵向和横向五种关系,即主从关系、组合关系、连锁关系、互补关系和对立统一关系,这也成为学界的普遍认识。第六,学界对于思想政治教育学范畴体系的构建原则的研究尚不深入。构建原则决定了思想政治教育学范畴的生成,目前关于构建原则的宏观层面的讨论较多,实践性、全面性、开放性、创新性、逻辑与历史相统一、从抽象上升到具体等原则可以作为任何人文社会学科构建其范畴体系的宏观原则,缺乏对思想政治教育学科中观和微观层面原则的研究。此外,范畴体系构建原则的宽泛也导致了范畴种类的庞杂,

---

① 徐志远.论建构现代思想政治教育学基本范畴及其系统的方法论原则[J].思想理论教育导刊,2007(3):50-55.

对于指导范畴体系的搭建也缺少充分的学理论证。

正如张耀灿所指出的,现在有相当一部分人不承认思想政治教育是科学,其中一个极其重要的原因就是,其范畴不够精确、不够规范,结构不够合理,层次不够清晰,体系不够严密。[①] 因此,笔者认为,思想政治教育学科的建设需要有体现本学科鲜明特征和本质规律的范畴体系,这一体系应该足以和哲学、教育学、政治学、心理学等相近学科的范畴体系明确区分开来。

三、研究思路与创新点

(一) 研究思路

第一章对思想政治教育运作机制进行理论梳理,形成对运作机制概念的初步认识。通过对马克思主义哲学三大类范畴(实体、过程、关系范畴)的分析,对思想政治教育学范畴的分类予以界定,在此基础上提炼并阐明运作机制中的核心要素构成(知识、行动、品格、教育主体),进而明确运作机制的各个构成要素与基本范畴之间的区别和联系。同时,本章还阐述了思想政治教育运作机制的相关理论基础。

第二章对知识要素进行剖析,指出知识是促成观念内化的基础性要素,并对知识的定义和分类进行理论探源。通过分析知识在促成观念内化中的价值负载和传播衍化作用,阐明观念内化于受教育者中的理论逻辑和知识生成于社会意识形态中的实践逻辑,展现了权力、意识形态和知识之间的关系。

第三章对行动要素进行解读,指出行动是激发观念外化的关键性要素。对行动的概念进行理论溯源,分析近现代学者的多样性阐释中的异同。辨析行动与劳动、行为、习性、实践、工作等概念的区别和联系,进而指出行动

---

① 张耀灿等.思想政治教育学前沿[M].北京:人民出版社,2006:62.

所具有的三个属性(意欲性、选择性、现实性)。阐述行动在激发观念外化中的作用,指出行动所具有的外部性和内部性。通过分析行动和知识、观念之间的关系,进一步明确受教育者的利益诉求是行动的前提条件、受教育者的身份认同是行动的展开条件、受教育者的价值彰显是行动的支撑条件。

第四章对品格要素进行阐释,指出品格是增进观念固化的根本性要素。通过整理相关学术文献,展示中西方品格教育的情况,论述中华传统文化中德性伦理的精神基因,阐明品格的概念流变和结构特征。基于认知、情感、行为三者的辩证关系,结合马克思主义学说中人与共同体的思想,阐述品格在增进观念固化中的形塑个体自我同一性和建构社会伦理共识的作用,展现从个体品格到社会伦理共识直至拟制社会共同体的逻辑线索。

第五章对宏观意义上的教育主体要素进行分析。首先,本章通过分析各类教育主体,指出学校是思想政治教育的主要阵地,由国家认可的教科书是思想政治教育的重要承载者,并对教科书内容的选择主体和编写取向予以考察。同时,本章探究了学校思想政治教育课程知识的价值遵循,指出学校思想政治教育课程知识是社会主流意识形态和价值观念的体现,并强调除了要关注思想政治教育课程知识的确定过程外,还要关注其在实际教学过程中的转化和主体参与情况。此外,本章提及了思想政治教育的特殊中介者——知识分子,并阐述了知识分子在思想政治教育中发挥的重要作用。最后,本章探讨了思想政治教育的社会支撑体系,指出各国政党通过法律、政策和学校教育等多种途径对思想政治教育发挥领导和控制作用,各国的法律和政策对思想政治教育具有刚性的支撑作用,各类社会组织也会对思想政治教育产生一定影响。

第六章对思想政治教育运作机制核心要素之间的关系进行论述。其中,第一部分阐述了知识、行动、品格三者之间的关系及其运作机制的展开逻辑。同时,对传统思想政治教育中"知情意信行"线性逻辑进行了反思,并分析了多元化样态下各要素之间的"双层六类现象"。通过系统论证与分析,初步勾勒出思想政治教育运作机制在微观层面与宏观层面的具体表现。第二部分探讨了人类认知过程的发展规律:人类的认知过程始于对外界信息的感知和提取,首先通过感官获取事物表象,形成感性认识,再经过思维活动的加工升华为理性认识,并最终通过想象对已有表象进行创造性重构。在此过程中,动机和情绪、个体差异等因素也会对认知过程产生重要影响。记忆、理解、运用、分析、评价和创造是人类认知过程的六个核心环节,通过这六个核心环节在思想政治教育中的细化应用,可以增强思想政治教育教学实践的科学性和有效性,从而更好地提升受教育者的思想品质并促进其全面发展。第三部分首先分析了社会道德教育生态系统、思想政治教育系统和学校三者之间复杂而深刻的关系。学校作为社会道德建设和思想政治教育的主要阵地,在道德教育、思想引领、协同育人等方面发挥着重要作用,其内部也存在着复杂的共生和竞争关系。同时,介绍了学校和社会交界处形成的道德教育生态过渡带概念,并强调应充分发挥学校、家庭、政府和大众传媒等子系统在道德教育生态过渡带中的作用,促进各子系统之间的协同合作。此外,对思想政治教育运作机制的核心要素在社会道德教育生态系统中的发展趋势进行了展望。为了创造更加良好的道德教育环境,未来应注重道德教育生态场的构建,充分发挥知识、行动、品格等运作机制核心要素在道德教育生态场中的作用,加强数字孪生、人工智能和物联网等现代科学技术在道德教育生态场中的创新应用,为受教育者提供更加丰富的道德教育资源和更加优质的道德教育环境,促进道德教育持续发展和创新。

(二)研究创新点

思想政治教育运作机制的研究在思想政治教育学科建设中起着基础性作用,目前也面临着全新环境,需要不断优化。本书立足于学科基础理论,进行了一些学理上的创新探索。

1. 方法论的创新

有关机制论的研究受到了"老三论"(信息论、控制论、系统论),尤其是系统论的影响。系统论运用完整性、集中性、终极性、等级结构、逻辑同构等概念,研究适用于一切综合系统或子系统的模式、原则和规律,并试图对其结构和功能进行数学描述。系统论强调整体与局部、局部与局部、整体与外部环境之间的有机联系,具有整体性、动态性和目的性三个基本特征。在党的二十大报告中,作为习近平新时代中国特色社会主义思想的方法论,系统论要求把事物当作一个整体或系统进行考察,这与马克思主义关于物质世界普遍联系的哲学原理在一定程度上相符合,需要我们在思想政治教育学科中贯彻这一科学方法论,并加强对机制论研究中系统论观点的探索。本书尝试运用系统论方法深入探究思想政治教育学科的核心问题。

2. 机制要素区分界定原则的创新

思想政治教育运作机制是一种由诸多要素构成的体系,目前已有的研究对于机制的内涵、功能、特性、类型等进行了深入的探讨,但是对于机制要素的产生路径、机制运行所需的主客观条件、机制运行需要遵循的规律和逻辑等缺乏研究。思想政治教育运作机制的研究必须以马克思主义理论作为基础,马克思主义哲学范畴论应该是思想政治教育运作机制要素分类的理论基础。通过对范畴体系的哲学溯源可以发现,马克思主义哲学范畴包括实体范畴、过程范畴和关系范畴三大类,思想政治教育学的范畴体系也应该以实体范畴、过程范畴和关系范畴来指导构建。范畴不是静态的,而是处于动态变化之中。实体范畴必须在动态过程中才能延展,过程范畴是动态范畴,关系范畴是映射对应范畴,思想政治教育学核心范畴的具体指涉也应该在教育过程中呈现出来。从思想政治教育过程中可以发现:实体范畴关涉知识、行动、品格、教育主体;过程范畴主要指实体范畴的产生、发展和转化;

关系范畴是指学科知识与受教育者行动和品格间的规律性认识。过程范畴和关系范畴可以表现为各基本范畴，如疏通引导（教育方法）、言教身教（教育形式）、奖励惩罚（教育工具）等。思想政治教育运作机制就是由核心要素（知识、行动、品格、教育主体）再加上若干基本要素构成。

3. 深入阐释知识、行动、品格三个核心要素的概念、作用和内在机理等

本书从学理层面对知识、行动、品格三个核心要素进行了深入阐释。本书认为，知识是思想政治教育促成观念内化的基础性要素，行动是思想政治教育激发观念外化的关键性要素，品格是思想政治教育增进观念固化的根本性要素。思想政治教育运作机制通过知识触发受教育者的行动，在培养情感、增强意志、坚定信念的过程中，深化受教育者的知识，指导受教育者的行动，培养受教育者的品格。思想政治教育机制要实现有效运作，应该围绕人的全面发展，充分激发受教育者的主观能动性。受教育者并不是被动机械地接受教育，受教育者有自己的情感认知和利益诉求，通常会从自己的实际需求出发，对外界提供的教育作出符合自己意愿的选择。

4. 深刻反思传统思想政治教育中的"知情意信行"线性逻辑

本书提出了多元化样态下各要素之间的"双层六类现象"。其中，"双层"是指"知信行脱嵌"与"知信行合一"两种情况。"知信行脱嵌"具体表现为"知而不行/知而不信""行而不信/行而不知""信而不行/信而不知"三类现象。"知信行合一"具体表现为"知而行之/知而信之""行而信之/行而知之""行信增知/知行增信/知信促行"三类现象。经过论证分析，大概勾勒出思想政治教育的运作机制：在微观层面，表现为"知识→道德认知→道德情感→道德意志（包括信念）→道德行为→行动（与品格是并列互动关系）→新的知识"的螺旋式上升、循环往复过程；在宏观层面，表现为个体与群体之间的关系，即个人与国家、社会之间的关系是如何对受教育者认知产生影响的。

第 一 章

思想政治教育运作机制的相关概念、核心要素与理论基础

"机制"最初指机器的构造和工作原理,后来经过不断发展、演变,"机制"一词已经成为许多学科广泛使用的重要概念,其内涵也被引申为泛指社会事物的构成要素之间相互作用的原理、方式、过程。考察机制的运作态势就是要描述该学科基本范畴的呈现路径,在思想政治教育学科中,就是要考察知识、行动、品格、教育主体四个核心要素相互作用和发展变化的规律。

第一章　思想政治教育运作机制的相关概念、核心要素与理论基础

第一节　思想政治教育运作机制的相关概念

概念是支撑学科体系的基石。研究思想政治教育运作机制,首先需要探讨"机制"一词的初始含义,然后再分析思想政治教育学科背景下"机制"这个概念的内涵和外延。同时,进行思想政治教育的过程就是受教育者形成观念,并逐步内化于心、外化于行、固化于身的过程,因此在研究思想政治教育机制的运作过程时还需要关注"观念"这个中介范畴。

一、机制与思想政治教育运作机制

在《辞海》中,"机制"原指机器的构造和工作原理。《现代汉语词典(第7版)》对"机制"一词的解释有四种:(1)机器的构造和工作原理;(2)机体的构造、功能和相互关系;(3)指某些自然现象的物理、化学规律;(4)泛指一个工作系统的组织或部分之间相互作用的过程和方式。从词义演变的角度看,"机制"最初是一个机械学概念,经过不断发展,该词已经成为许多学科广泛使用的重要概念,其内涵也被引申为泛指系统内部各构成要素之间相互联系、相互作用的过程和方式。

如引言中所述,由陆庆壬主编的《思想政治教育学原理》一书较早地使用了"机制"的说法,并且开宗明义地将"机制"和"系统"联系在了一起。由邱伟光、张耀灿主编的《思想政治教育学原理》一书进一步较为系统地研究了思想政治教育机制论。随后,思想政治教育机制论成为思想政治教育学

的重要组成部分。

值得一提的是,有关机制论的研究受到了"老三论"(信息论、控制论、系统论),尤其是系统论的影响。控制论涉及"黑箱"的概念,在系统的整个运作过程中,只能看到输入和输出,无法了解其内部结构和运作机理。机制论就是用来打开"黑箱"的,它能够阐明系统中各部分之间的相互关系和运作过程。系统论运用完整性、集中性、终极性、等级结构、逻辑同构等概念,研究适用于一切综合系统或子系统的模式、原则和规律,并试图对其结构和功能进行数学描述。系统论强调整体与局部、局部与局部、整体与外部环境之间的有机联系,具有整体性、动态性和目的性三个基本特征。系统论要求把事物当作一个整体或系统进行考察,这与马克思主义关于物质世界普遍联系的哲学原理在一定程度上相符合。在"老三论"的影响下,思想政治教育运作机制的概念逐渐形成。思想政治教育运作机制,就是对思想政治教育实施过程中各个要素之间相互关系的总体反映,它深入揭示了人与环境的互动情况,并寻找内在的转化规律,以保证运行过程的最优化控制,最终实现人的全面发展。

根据思想政治教育运作机制的概念,未来的研究方向应该继续把人的全面发展作为终极目标,进一步激发主体意识。可以从以下三个方面进行优化:其一,可以从思想政治教育运作机制的内部外部条件入手继续梳理相关研究成果,并深化关于运作机制要素、特征等的研究;其二,可以借鉴教育学、心理学、政治学等相关学科的研究成果,观察机制论在不同学科中的表现形式,借助多学科视野为研究带来新的角度和研究方法;其三,可以进一步剖析运作机制内部各个要素的生成路径、运作逻辑等微观问题。

二、观念与思想政治教育

西方哲学中,"观念"通常是指人脑对感性事物所形成的完善的样本或模型化的结果。"观"是人们认识事物的一种态度和方法,"念"是外界事物在人脑中的固化呈现。人们通过生产生活实践形成了对外界事物的综合认识,观念就是人们表达出的认知。观念可以分为"外观"和"内省"两个部分。当外界事物进入视野时,人们会在抽象意义上进行观照,即所谓的"观",并通过审视事物的同一性和差异性,逐步形成"念"。

如前文所述,进行思想政治教育的过程是探究受教育者行为自觉和价值内化的过程,观念贯穿于思想政治教育过程的始终。可以说,在思想政治教育过程中,知识促成观念的内化,行动激发观念的外化,品格增进观念的固化。

(一) 知识促成观念的内化

知识是人类在实践中认识客观世界(包括人类自身)的成果。知识既包括具体学科的知识,也包括抽象领域的知识。知识的分类多种多样,但无论是哪种类型的知识,都是个体观念形成的基础。

观念的内化是指个体将外部的信息、价值观等转化为内在的认知结构和行为准则的过程。知识在这一过程中扮演着至关重要的角色。其一,知识为个体提供了认识世界的工具和框架。通过学习自然科学知识,个体能够了解自然界的运行规律,形成对自然现象的理性认识。通过学习社会科学知识,个体能够了解社会结构、人际关系等社会现象,形成对社会生活的深刻理解。这些知识和认识构成了个体观念世界的基石。其二,知识能够引导个体形成正确的价值观。价值观是个体对事物价值的认识和评价,它影响着个体的行为选择。通过学习道德、哲学、审美等方面的知识,个体能够了解人类社会的道德规范和价值追求,并形成自己的道德观念和价值取向。所形成的道德观念和价值取向是个体观念世界的重要组成部分,能够对个体在生活中的行为进行引导。其三,知识能够促进个体思维的发展和成熟。思维是个体认识世界和解决问题的工具,思维的形成依赖于个体所掌握的知识和经验。通过学习知识,个体能够不断拓宽自己的思维领域,提高自己的思维能力。反过来,思维的发展和成熟能够促进个体对观念的理解和内化,使个体能够更好地应对生活中的各种挑战。

以教育为例,接受教育是个体获取知识、形成观念的重要途径。在教育过程中,教师通过教授知识、引导思考、鼓励实践等方式,帮助学生将外部的信息、价值观等转化为内在的认知结构和行为准则。例如,在数学课教学过程中,教师通过讲解数学概念、公式和解题方法等内容,帮助学生形成对数学的理性认识;在思想政治课教学过程中,教师通过引导学生阅读哲学著作、分析现实案例等方式,帮助学生形成对人性和社会的深刻思考。这些知识和认识将进一步内化为学生的观念,成为他们未来生活和发展的基础。

(二)行动激发观念的外化

行动是个体在自身观念引导下进行的有目的、有意识的行为,它既是个体观念的外在表现,也是个体实现自身价值和目标的重要手段。行动具有意欲性、选择性和现实性等属性。

观念的外化是指个体将内在的认知结构和行为准则转化为外在的行为表现和实践成果的过程。行动在这一过程中发挥着不可或缺的作用。其一,行动是检验观念正确与否的"试金石"。个体所持有的观念是否正确、合理,需要通过实践来检验。只有通过实践,个体才能真正发现观念中存在的问题和不足,从而进行调整和完善。其二,行动能够激发个体的创造力和创新精神。在行动过程中,个体可能会面对各种复杂的问题和挑战,需要不断探索和尝试新的方法来解决问题。这种探索和尝试将激发个体的创造力和创新精神,推动个体不断超越自我。其三,行动能够增强个体的自信心和责任感。通过实际行动,个体能够看到自己的努力和成果,感受到自己的价值和能力。这种成就感将增强个体的自信心,并激励个体更加积极地面对生活中的各种挑战和困难。个体在行动中也需要承担一定的义务和责任,这种责任感将促使个体更加认真地对待自己的行动。

以创业为例,创业是个体将创业观念转化为实际行动的过程。在创业过程中,创业者需要将创业理念、商业模式等转化为具体的创业计划和创业方案。创业者可以通过市场调研、产品开发、营销推广等实际行动来验证和完善自己的创业观念。这些行动不仅能够推动创业者不断反思和改进创业观念,而且能够激发创业者的创造力和创新精神。创业者在行动中也承担着一定的风险和责任,这会督促创业者更有责任感地对待自己的创业行动。

(三) 品格增进观念的固化

品格是个体在长期的生活实践中形成的品性、品行,它包括个体的性格、价值观、道德观念等。品格是个体观念世界的重要组成部分,影响着个体的行为选择。

观念的固化是指个体将内在的认知结构和行为准则转化为稳定的心理特征和道德品质的过程。需要注意的是,观念的固化并不是把观念固定下来永远不变,而是强调个体的观念在稳定中逐步更新。品格在这一过程中具有举足轻重的影响。其一,品格能够使个体的观念世界趋于稳定。品格是在个体长期的生活实践中形成的,具有一定的稳定性和持久性。基于稳定的品格,个体在面对各种复杂的问题和挑战时能够保持冷静和理智,不被外界因素干扰。其二,品格能够塑造个体的行为模式和价值观。品格是个体的行为模式和价值观的内在基础,通过对自身品格的培养,个体能够形成具有自我意识的行为模式和价值观,所形成的行为模式和价值观将影响个体在生活中的行为选择。其三,品格能够提升个体的道德品质和社会责任感。品格是个体道德品质的直接体现,它反映了个体对道德规范的认可和遵守程度。通过品格的培养和提升，个体能够形成高尚的道德品质和强烈的社会责任感，所形成的道德品质和社会责任感将激励个体更加积极地履行自己的义务。

以家庭教育为例，家庭教育是个体品格形成、观念固化的重要途径。在家庭教育过程中，父母通过言传身教、榜样示范等方式，帮助子女形成正确的价值观和高尚的道德品质。例如，父母可以通过讲述红色故事激发子女的爱国主义情怀，还可以通过鼓励子女参与社会公益活动强化其社会责任感和奉献精神。这些家庭教育活动将促进子女正确的价值观和高尚的道德品质的形成，使他们能够更好地应对未来的生活和工作。

（四）知识、行动、品格在个体观念形成过程中的相互作用与影响

知识、行动、品格在个体观念形成过程中相互依存、相互促进。知识为行动提供了理论基础和指导方向，行动是知识得到应用和实践的重要途径，品格是知识和行动在个体内心深处的积淀和升华，它们共同推动个体观念世界的不断完善和发展。首先，知识能够激发个体的行动意愿和动力。通过学习知识，个体能够了解世界的美好和人类的智慧，从而激发自身追求进步和创新的意愿和动力。这种意愿和动力将推动个体积极投身于各种实践活动，不断尝试用新的方法和策略解决问题。其次，行动能够深化个体对知识的理解。在行动过程中，个体需要不断运用所学知识来解决问题。这种运用和实践将促进个体更好地领悟知识的本质和内涵，从而在下一次实践中使知识得到更好的运用。最后，品格能够提升个体的知识水平和行动能力。品格能够维持个体观念世界的稳定性，塑造个体的行为模式和价值观，帮助个体形成高尚的道德品质和强烈的社会责任感。在品格的引导下，个体将更加积极地学习知识、参与实践活动，从而使自身的知识水平和行动能力得到提升。

知识、行动、品格在个体观念形成过程中也存在一定的制约关系。这种制约关系主要体现在以下三个方面：其一，知识的局限性可能制约个体的行为选择。虽然知识能够为个体提供认识世界的工具和框架，但是知识的局限性也可能导致个体对世界的认识存在偏差和误解。这种偏差和误解将制约个体的行为选择，使个体难以作出正确的决策和行动。其二，行动过程中出现的问题和挑战可能削弱个体学习知识、塑造品格的动力。在行动过程中，个体需要面对各种复杂的问题和挑战，这些问题和挑战可能使个体感到沮丧和无助，其学习知识、塑造品格的主动性和积极性可能会受到影响。其三，品格的缺陷和不足可能会对个体的知识和行动产生负面影响。品格是个体塑造行为模式和价值观的基础，如果个体的品格存在缺陷和不足，那么个体可能难以将所学知识妥善地应用到实践中，也可能难以在实践中保持正确的价值观。

针对上述制约关系，为了实现知识、行动、品格的协调发展，可以采取以下三个方面的措施：其一，注重知识的全面性和系统性。在传授知识的过程中，应引导个体意识到自身知识的局限性，帮助个体建立全面、系统的知识体系和认知框架，并在一定程度上培养其批判性思维和创新能力。其二，鼓励个体坚定自信，保持乐观的心态。在行动过程中遇到问题和挑战是很正常的事情，应鼓励个体坚定自信，保持乐观的心态，培养坚韧不拔的精神，迎接挑战、克服困难，积极寻求解决方法。其三，加强品格教育和道德教育。品格教育和道德教育是培养个体高尚的道德品质和强烈的社会责任感的重要途径，因而可以通过加强品格教育和道德教育来引导个体树立正确的价值观和道德准则，强化个体的社会责任感和奉献精神。

第二节　思想政治教育运作机制的核心要素

思想政治教育学机制论和范畴论是紧密相连的。范畴是指一门学科最基本的概念,学科的理论架构通过一系列范畴得以反映和呈现。在各门学科中,哲学范畴概括性最强,体现了自然界、人类社会和人的思维领域最普遍、最基本的理论认识。列宁指出:"在人面前是自然现象之网。本能的人,即野蛮人,没有把自己同自然界区分开来。自觉的人则区分开来了,范畴是区分过程中的梯级,即认识世界的过程中的梯级,是帮助我们认识和掌握自然现象之网的网上纽结。"①可见,范畴是人们认识世界的梯级和纽结,是人类文明进步的标志。探讨"为什么知识、行动、品格、教育主体是思想政治教育运作机制的核心要素"这个问题,必然要立足于哲学范畴,尤其要立足于对马克思主义哲学范畴的科学认识。

一、思想政治教育构成要素及其运作机制

思想政治教育运作机制反映并揭示了思想政治教育构成要素之间的相互作用关系及其运作过程。思想政治教育机制论强调在动态中考察整体与局部、局部与局部之间的有机联系,因而思想政治教育运作机制也就成为机制论的核心内容。需要指出的是,也有学者采用"运行机制"的说法。"运

---

① 列宁.列宁全集(第五十五卷)[M].北京:人民出版社,2017:78.

行"意味着事物的运转和活动,呈现了一种客观的状态;"运作"意味着运行和操作,体现了一定的人的主体因素。相较而言,"运作机制"更能体现思想政治教育的阶级性和意识形态性。

在研究思想政治教育运作机制时,需要重点把握以下两组区别:其一,要区分思想政治教育的机制理论与思想政治教育机制的理论。这两种理论是有所差别的:前者是一种整体性视角,把思想政治教育作为一种机制看待,研究各个构成要素及其相互关系和相互作用;后者是一种功能性视角,把思想政治教育的功能特征作为各种类型的机制看待,研究各个功能特征的运行状态,表现为说服机制、评价机制、沟通机制、激励机制等。其二,要区分思想政治教育机制论的内部视角与外部视角。例如,"五要素说"(目标、人、环境、时间、信息)就是从外部视角来看待思想政治教育机制论的,而"四要素说"(基本要素、内在关系、机理运用、制度规范)则是思想政治教育机制论的内部视角。在把握好以上区别的基础上,我们可以进一步探讨机制要素的结构功能及其在思想政治教育学范畴中的理论定位。

如前文所述,考察学科机制的运作态势就是要考察学科基本范畴的呈现路径。反过来,学科基本范畴在运作过程中具体展现为学科机制的各个要素。思想政治教育学范畴体系由核心要素(知识、行动、品格、教育主体)和其他若干基本要素共同构成。考察思想政治教育运作机制就是要考察知识、行动、品格、教育主体这四个核心要素相互作用和发展变化的规律。

对思想政治教育运作机制及其核心要素进行研究,需要注意以下三点:其一,需要注意思想政治教育运作机制的核心要素具有总体性。知识、行动、品格、教育主体这四个核心要素必须放在思想政治教育学科框架下进行整体考察,单独抽离出的任何一个要素都难以完整展现思想政治教育学的特征。这是因为,哲学会对知识论进行探讨,政治学会解读行动的概念,心理学和伦理学涉及对品格概念的阐释,知识和教育主体通常是教育学关注的焦点,但是只有在思想政治教育学中,知识、行动、品格、教育主体这四个核心要素才会被归总在一起进行深入研究。思想政治教育学的学科规定性正体现在核心要素的总体性中。其二,需要注意思想政治教育运作机制的核心要素具有阶级性和意识形态性。思想政治教育学体现了统治阶级的利益需求,整个教育过程会根据社会主流意识形态的内容和要求,对社会成员有目的、有计划、有组织地施加影响,最终使社会成员形成一致的行动和稳定的品格,因而思想政治教育运作机制的核心要素也会体现出鲜明的阶级性和意识形态性。其三,需要注意思想政治教育运作机制的核心要素具有实践性。辩证唯物主义把实践引入认识论,科学说明了实践是主观见之于客观的活动,是检验认识正确与否的唯一标准。马克思主义哲学把实践原则贯彻到哲学内容体系中,体现了主观和客观、理论和实践的统一。思想政治教育运作机制核心要素的实践性,表现为对受教育者理想信念和行为规范的导向作用。值得一提的是,虽然知识、行动、品格、教育主体等要素在与思想政治教育学相关的其他学科中也作为基本概念使用,但阶级性和实践性正是思想政治教育学区别于其他学科的鲜明特征。

二、思想政治教育学范畴体系的构建

探讨思想政治教育运作机制的核心要素,必然要立足于思想政治教育学范畴体系的构建,而思想政治教育学范畴体系的构建必然要立足于哲学范畴,尤其是要立足于马克思主义哲学范畴体系,即通过马克思主义哲学范畴体系来指导思想政治教育学范畴体系的构建,以及思想政治教育运作机制核心要素的研究。[①] 这是因为,马克思主义哲学范畴体系指导思想政治

---

① 相关理论论证请参见本章第三节第二目。

教育学范畴体系的构建体现了历史和逻辑的统一。从学理性角度看，哲学范畴高度概括了自然界、人类社会和思维领域最本质、最普遍的规律，体现了最基础的一般性。思想政治教育学范畴体系揭示了思想政治教育领域的一般规律。马克思主义哲学范畴体系是各门具体学科的哲学依据，因而也可以用来指导思想政治教育学范畴体系的构建。从现实性角度看，思想政治教育本质上是统治阶级根据社会主流意识形态的内容和要求，用一定的思想政治观念和道德规范，对社会成员有目的、有计划、有组织地施加影响，最终使社会成员形成一致的行动和稳定的品格的过程。在人文社会科学中，思想政治教育学较为直接、强烈地体现了阶级性和意识形态性。当代中国以马克思主义基本理论和中国特色社会主义理论体系作为意识形态教育的指导理论，思想政治教育学范畴体系的构建更应该以马克思主义哲学范畴体系为指导依据。

在马克思主义哲学范畴体系的指导下构建思想政治教育学范畴体系时，要把握好"可能性与现实性相统一"和"合规律性与合目的性相统一"这两个原则。马克思主义哲学范畴可以分为三大类，即实体范畴、过程范畴、关系范畴，其中过程范畴尤其需要我们关注。过程就是从可能到现实的运动，如果缺失过程范畴，那么将难以准确把握实体范畴生成和发展的情况以及因果联系。前文提及，部分学者从思想政治教育运作机制的角度对思想政治教育学范畴体系提出了新的构建方法。对于机制运作主体和运作环节的认识，这些学者的看法趋于一致，但是对于"思想与行为"和"个人与社会"这两组基本范畴哪个是起点、哪个是终点的问题产生了争论。总的来说，几位学者的观点都有一定的合理性，但是由于过程范畴的缺失，因此无法完整展现思想政治教育机制的运作规律。如果在进行思想政治教育的过程中坚持"教育的规律性与教育的目的性相统一"原则，那么就会发现"思想与行为"和"个人与社会"这两组基本范畴在不同的教育过程中会呈现出既是起点范畴又是终点范畴的辩证特征。

综上所述,思想政治教育学范畴体系的构建应该遵循实体范畴、过程范畴和关系范畴的分类。范畴不是静态的,而是处于动态变化之中。实体范畴必须在动态过程中才能延展,过程范畴是动态范畴,关系范畴是映射对应范畴,思想政治教育学核心范畴的具体指涉也应该在教育过程中呈现出来。思想政治教育学通过知识触发受教育者的行动,在培养情感、增强意志、坚定信念的过程中,深化受教育者的知识、指导受教育者的行动、培养受教育者的品格。从思想政治教育过程中可以发现:实体范畴关涉知识、行动、品格、教育主体;过程范畴主要指实体范畴的产生、发展和转化;关系范畴是指学科知识与受教育者行动和品格间的规律性认识。过程范畴和关系范畴可以表现为各基本范畴,如疏通引导(教育方法)、言教身教(教育形式)、奖励惩罚(教育工具)等。

第三节　思想政治教育运作机制的理论基础

一、马克思主义哲学系统论

习近平总书记在中国共产党第二十次全国代表大会上的报告中指出,推进实践基础上的理论创新,首先要把握好新时代中国特色社会主义思想的世界观和方法论,坚持好、运用好贯穿其中的立场观点方法。报告中多处使用了"系统"一词,强调必须坚持系统观念:"万事万物是相互联系、相互依存的。只有用普遍联系的、全面系统的、发展变化的观点观察事物,才能把握事物发展规律。我国是一个发展中大国,仍处于社会主义初级阶段,正在经历广泛而深刻的社会变革,推进改革发展、调整利益关系往往牵一发而动全身。我们要善于通过历史看现实、透过现象看本质,把握好全局和局部、当前和长远、宏观和微观、主要矛盾和次要矛盾、特殊和一般的关系,不断提高战略思维、历史思维、辩证思维、系统思维、创新思维、法治思维、底线思维能力,为前瞻性思考、全局性谋划、整体性推进党和国家各项事业提供科学思想方法。"①

如前文所述,机制论的研究受到了信息论、控制论、系统论,特别是系统论的影响。古希腊一些哲学家将整体同部分割裂开来,近代的形而上学则是将部分从整体中脱离出来。这两种观点,无论是在科学意义上还是哲学意义上,都不是现代意义上的系统概念。德国古典哲学家黑格尔对整体和部分的认识有了显著的进展。黑格尔认为,不应把动物的四肢和各种器官只看作动物的各个部分。这是因为,四肢和各种器官只有在它们的统一体中才是四肢和各种器官,它们绝不是和它们的统一体毫无关系的;四肢和各种器官只有经过解剖学家的手才会变成单纯的部分,但解剖学家这时所碰到的已不是活的躯体而是死尸。马克思主义哲学通过整体和部分的关系进一步规定了系统和要素这一对范畴。恩格斯认为,系统是由相互作用的诸多要素所构成的整体,系统不是要素简单机械相加的结果,而是统一的有运行逻辑的多样体。系统具有整体性、统一性、复合性等特征,要素具有局部性、多样性、不可分割性等特征。②

思想政治教育运作机制的理论基础是习近平新时代中国特色社会主义思想的系统论。只有把马克思主义基本原理同中国具体实际相结合、同中

---

① 习近平.高举中国特色社会主义伟大旗帜 为全面建设社会主义现代化国家而团结奋斗[N].人民日报,2022-10-26(1).
② 高清海.马克思主义哲学基础(上册)[M].北京:人民出版社,1985:314-317.

华优秀传统文化相结合,坚持运用辩证唯物主义和历史唯物主义,才能正确回答时代和实践提出的重大问题,才能始终保持马克思主义的蓬勃生机和旺盛活力。

二、马克思主义哲学范畴论

马克思主义哲学系统论对思想政治教育机制论发挥了基础性作用,而马克思主义哲学范畴论则是思想政治教育运作机制要素分类的理论基础。下文主要从哲学范畴的理论溯源、类型,以及实体范畴、过程范畴、关系范畴的理论意蕴入手,进一步指出思想政治教育学的范畴体系应该以马克思主义哲学实体范畴、过程范畴、关系范畴来指导构建。

(一)哲学范畴的理论溯源

在人类早期文明时期,人与自然的关系是人类重点关注和思考的对象。古代哲学家、思想家也大都从本体论视角提出诸多世界本源范畴,例如泰勒斯的"水"、阿那克西米尼的"气"、赫拉克利特的"火"、毕达哥拉斯的"数"、阿那克萨哥拉的"种子"等。古代中国也提出了"阴阳""五行"等说法,不过那时并未把"范"和"畴"连成一词使用。

柏拉图是较早研究哲学范畴的人。他在《巴门尼德篇》中不仅研究了"存在与非存在""一与多""圆与直""运动与静止""有限与无限""全体与部分""同一与差别"等多对范畴及其各自的对立统一关系,而且研究了这些范畴之间的相互关系。在《智者篇》中,柏拉图针对"存在与非存在""运动与静止""同一与差别"这三对最普遍的范畴各自的对立统一关系及其之间的相互关系进行了重点研究。此外,柏拉图在他的理念论中较为深刻地揭示了"个别与一般"的对立统一关系。不过,柏拉图的著作大都采用对话体的方式,具体范畴在不同篇目中存在模糊不清和前后抵牾的情况,辩证法应用于"善""美"等具体理念时也存在脱节的问题。

亚里士多德对"范畴"这个概念作了更深入的研究和构建。在其专门著作《范畴篇 解释篇》中,亚里士多德将范畴分为十大类:"实体""数量""性质""关系""地点""时间""姿态""状况""活动(主动)""遭受(被动)"。① 同时,他还列出了五类副范畴:"对立""先于""运动""同时的""有"。② 在《形而上学》中,亚里士多德又提出并解释了"起源""原因""本性""本体""相同""相反""先于""后于""量""质"等多个哲学范畴。③ 此外,亚里士多德用"主词"和"宾词"来说明不同范畴间的区别和联系,并由此将实体范畴划分为两大类:一类是只能作主词不能作宾词的,即"第一性实体范畴";另一类是作为宾词述说主词的,即"第二性实体范畴"。亚里士多德对此作了进一步说明:这里的"第一性实体范畴"是单一的个体;"第二性实体范畴"并非单一的个体,而是具有某一性质的一类东西。④ 亚里士多德在其著作中对实体范畴有较高的推崇,他认为实体范畴是最重要和最基本的范畴,其他范畴均依赖于实体范畴而存在。

到了近代,康德认为人的理性为自然界立法,也就是说,自然界的规律是人们的理性规定的,是人的主观精神的产物。康德采取逻辑判断分类的方法,在先验分析论里,对知性纯粹概念进行了分析。通过这种分析,康德提出了四类逻辑判断:量的判断(全称的、特称的、单称的),质的判断(肯定的、否定的、无限的),关系的判断(定言的、假言的、选言的),样式的判断(或然的、实然的、必然的)。在此基础上,他推导得出四组十二个范畴:量的范畴(全体性、多样性、统一性),质的范畴(实在性、否定性、限制性),关系的范

---

① 亚里士多德.范畴篇 解释篇[M].方书春,译.北京:商务印书馆,1959:8-38.
② 亚里士多德.范畴篇 解释篇[M].方书春,译.北京:商务印书馆,1959:38-49.
③ 亚里士多德.形而上学[M].吴寿彭,译.北京:商务印书馆,1959:85-120.
④ 亚里士多德.范畴篇 解释篇[M].方书春,译.北京:商务印书馆,1959:16.

畴(自存性与依附性、原因性与结果性、交互性),样式的范畴(可能性与不可能性、存在性与非存在性、必然性与偶然性)。康德在亚里士多德范畴论的基础上实现了本体论范畴向认识论范畴的重大转变,建立了范畴的逻辑体系,为后来黑格尔建构辩证逻辑范畴体系进行了思想准备。不过我们也应该看到,虽然康德的范畴学说高度强调了人的主观意识,但是忽视了对客观世界的观照。列宁也指出,在康德那里,认识把自然界和人分开,而事实上是认识把二者结合起来。①

黑格尔的哲学体系包括逻辑学、自然哲学、精神哲学三个部分,他在逻辑学中搭建了概念体系。逻辑学又可分为三个部分:存在论、本质论、概念论。存在论是关于思想的直接性——自在或潜在的概念的学说。② 存在论主要讲了"质、量、度"这三个范畴之间的关系及转化:"质"与"量"的统一是"度";"度"是有"质"的"量",是存在论的最高范畴。本质论是关于思想的反思性或间接性——自为存在的概念的学说。③ 本质论所讲的概念是表面之下的深层认识,概念之间不再是过渡、转化,而是相互对立又相互依存,例如"本质与现象""原因与结果""内容与形式""必然与偶然"等。在本质论中,黑格尔深刻阐述了对立统一的辩证法思想。概念论是关于思想返回自己本身和思想发展了的自身持存——自在自为的概念的学说。④ 概念论中的概念是直接认识经过深层反思之后发展了的认识,是"自在自为的概念"。概念论强调通过对立统一推动思维的发展,最终形成绝对精神,绝对精神体现了最高的主体性,具有最高地位。黑格尔逻辑学批判了康德范畴学说中的先验认识论、不可知论等,揭示了范畴之间相互依存、相互联系和相互转化

---

① 列宁.列宁全集(第五十五卷)[M].北京:人民出版社,2017:76.
② 黑格尔.小逻辑[M].贺麟,译.北京:商务印书馆,1980:185.
③ 黑格尔.小逻辑[M].贺麟,译.北京:商务印书馆,1980:185.
④ 黑格尔.小逻辑[M].贺麟,译.北京:商务印书馆,1980:185.

的辩证关系。正如列宁所言,黑格尔逻辑学的实质和最高成就是辩证的方法。① 不过我们也需要看到,黑格尔把绝对精神看作独立存在的东西。马克思指出:"观念的东西不外是移入人的头脑并在人的头脑中改造过的物质的东西而已。"②人的认识不会先于客观存在而出现在人的头脑中,只会是对生产生活等社会实践的反映。

马克思主义哲学在对德国古典哲学批判继承的基础上成熟起来。马克思、恩格斯、列宁对范畴理论的贡献主要体现在以下几个方面:

第一,确立了哲学范畴的基础和来源。马克思指出:"人们决不是首先'处在这种对外界物的理论关系中'。正如任何动物一样,他们首先是要吃、喝等等,也就是说,并不'处在'某一种关系中,而是积极地活动,通过活动来取得一定的外界物,从而满足自己的需要。(因而,他们是从生产开始的。)由于这一过程的重复,这些物能使人们'满足需要'这一属性,就铭记在他们的头脑中了,人和野兽也就学会'从理论上'把能满足他们需要的外界物同一切其他的外界物区别开来。在进一步发展的一定水平上,在人们的需要和人们借以获得满足的活动形式增加了,同时又进一步发展了以后,人们就对这些根据经验已经同其他外界物区别开来的外界物,按照类别给以各个名称。这必然会发生,因为他们在生产过程中,即在占有这些物的过程中,经常相互之间和同这些物之间保持着劳动的联系,并且也很快必须为了这些物而同其他的人进行斗争。但是这种语言上的名称,只是作为概念反映出那种通过不断重复的活动变成经验的东西。"③在这段话里,马克思确认了范畴是人们社会生活交往的产物,也就和康德的先天知性的范畴理论与黑格尔神秘的头脑中的辩证法进行了切割。

---

① 列宁.列宁全集(第五十五卷)[M].北京:人民出版社,2017:202-203.
② 马克思,恩格斯.马克思恩格斯文集(第五卷)[M].北京:人民出版社,2009:22.
③ 马克思,恩格斯.马克思恩格斯全集(第十九卷)[M].北京:人民出版社,1963:405.

第二，坚持了哲学范畴的辩证发展的观点。马克思认为："正如从简单范畴的辩证运动中产生出群一样，从群的辩证运动中产生出系列，从系列的辩证运动中又产生出整个体系"①，"两个相互矛盾方面的共存、斗争以及融合成一个新范畴，就是辩证运动"②。马克思进一步论述了范畴的历史性和发展性："这些观念、范畴也同它们所表现的关系一样，不是永恒的。它们是历史的、暂时的产物。"③恩格斯与黑格尔的范畴观进行了区分："这在黑格尔本人那里是神秘的，因为各种范畴在他那里表现为预先存在的东西，而现实世界的辩证法表现为这些范畴的单纯的反照。实际上恰恰相反：头脑中的辩证法只是现实世界即自然界和历史的各种运动形式的反映。"④恩格斯进一步明确了辩证法的三大规律，并对"正与负""单一与复合""同一与差别""必然与偶然""原因与结果""知性与理性""抽象与具体"等多对范畴进行了深入考察。

第三，阐明了逻辑学、辩证法和认识论相统一的关系。列宁指出，虽说马克思没有遗留下'逻辑'（大写字母的），但他遗留下《资本论》的逻辑，应当充分地利用这种逻辑来解决这一问题。在《资本论》中，唯物主义的逻辑、辩证法和认识论都应用于一门科学，这种唯物主义从黑格尔那里吸取了全部有价值的东西并发展了这些有价值的东西。⑤列宁在这里强调了唯物辩证法范畴体系根植于现实生活，而不是抽象的理念。

（二）哲学范畴的类型

在哲学范畴发展史中，几位重要的哲学家对范畴都进行了分类，这些分

---

① 马克思,恩格斯.马克思恩格斯文集(第一卷)[M].北京:人民出版社,2009:601.
② 马克思,恩格斯.马克思恩格斯文集(第一卷)[M].北京:人民出版社,2009:605.
③ 马克思,恩格斯.马克思恩格斯文集(第一卷)[M].北京:人民出版社,2009:603.
④ 马克思,恩格斯.马克思恩格斯文集(第九卷)[M].北京:人民出版社,2009:454.
⑤ 列宁.列宁全集(第五十五卷)[M].北京:人民出版社,2017:290.

类也都存在一定的缺憾。亚里士多德在柏拉图学说的基础上,从具体事物中抽象出共同特点,凝练了一些共相范畴,充分突出了实体范畴的主导地位,指出实体范畴是其他一切范畴的基础,并在实体范畴中区分了一般和个别。不过需要注意的是,实体范畴和附着于实体上的属性范畴并不能够穷尽所有范畴。康德提出的四组十二个范畴是在亚里士多德本体论范畴基础上进行的认识论范畴的转向,但在范畴分类中弃置了实体范畴,成为空洞抽象的逻辑体系。黑格尔的范畴学说都可以归入其逻辑学中,依据其逻辑学结构又可以分为存在论范畴、本质论范畴、概念论范畴三大类。黑格尔辩证发展的逻辑范畴体系,理论构思精巧,逻辑推演严密,但是同样缺失了实体范畴。

马克思、恩格斯指出:"我们的出发点是从事实际活动的人……不是处在某种虚幻的离群索居和固定不变状态中的人,而是处在现实的、可以通过经验观察到的、在一定条件下进行的发展过程中的人。"①马克思主义哲学是从实际活动着的人出发来理解和把握世界,在实体范畴中强调了人的主体性地位,并且基于社会历史和现实世界的考察,实现了本体论和认识论的统一。马克思主义哲学范畴可以分为三大类。第一大类是体现实体自身规定性的范畴,可称之为实体范畴,包括"质、量、度""一与多""本质与现象""内容与形式"等。"质、量、度"体现了事物的区别性,"一与多"揭示了事物表面的规定性,"本质与现象"从实体的内外、根据和表现来展现实体,"内容与形式"从构成要素和结合方式来反映实体。列宁也明确指出了这一认识过程:起初有一些印象闪现,而后有某个东西分出,然后质(物或现象的规定)和量的概念发展起来,然后研究和思索使思想去认识同一——差别——根据——本质对现象的关系——因果性等等。所有这些认识的环节(步骤、阶段、过程)都是从主体走向客体,受实践的检验,并通过这个检验达到真理

---

① 马克思,恩格斯.马克思恩格斯文集(第一卷)[M].北京:人民出版社,2009:525.

(绝对观念)。① 第二大类是体现实体发展变化的范畴,可称之为发展范畴或过程范畴,包括"运动与静止""原因与结果""根据与条件""必然与偶然""可能与现实""有限与无限""绝对与相对"等。第三大类是体现实体内部和实体之间规律性关系的范畴,可称之为关系范畴,包括质量互变规律、对立统一规律和否定之否定规律等。

(三) 实体、过程、关系范畴的理论意蕴

1. 实体范畴

亚里士多德所称实体是指实存的、个别的、具体的事物,关于这些事物的名词通常在语句中作主词、主语,而能够表示数量、性质、地点、时间等信息并对主词、主语进行解释说明的是宾词、宾语,具有主宾式语法结构的命题是亚里士多德研究的基本形式。实体范畴也是近代哲学家重点讨论的对象。笛卡尔指出,所谓实体,我们只能视为能自己存在而其存在不需要别的事物的一种事物。② 斯宾诺莎认为,实体可以理解为在自身内并通过自身而被认识的东西,也就是说,形成实体的概念,无须借助于他物的概念。③ 不难发现,笛卡尔和斯宾诺莎的观点更强调实体的自因性。不过,马克思言简意赅地指出,斯宾诺莎所认为的实体不过是形而上学地改了装的、脱离人的自然。④ 洛克则把实体观念视为各种观念的集合。之后,贝克莱直接否认了实体的存在,他认为事物只是各种感觉观念的复合体。此外,如前文所述,实体范畴在康德和黑格尔哲学体系中并不占据突出地位,甚至具有明显的唯心主义性质,例如黑格尔所认为的实体最终指向了绝对精神。

---

① 列宁.列宁全集(第五十五卷)[M].北京:人民出版社,2017:290.
② 笛卡尔.哲学原理[M].关文运,译.北京:商务印书馆,1958:20.
③ 斯宾诺莎.伦理学[M].贺麟,译.北京:商务印书馆,1958:3-6.
④ 马克思,恩格斯.马克思恩格斯全集(第二卷)[M].北京:人民出版社,1957:177.

实体范畴的提出是人类对物质世界认识发展过程中的重要阶段,马克思主义哲学对实体范畴进行了深入的阐述,形成了以下认识:

其一,实体与物质范畴的同一性。马克思、恩格斯指出:"物体、存在、实体是同一种实在的观念。"①马克思主义哲学并没有否认实体范畴,只是赋予了它科学的内容。物质是人们的认识对象,是独立存在于人的意识之外的客观实在。物质范畴是人们对实体范畴的认识逐步深入的产物。

其二,实体与属性范畴的区别和联系。实体是总体性概念;属性体现了实体的不同规定性。实体不是属性的支撑物,也不是各属性的简单集合,但实体包含各属性的构成要素;属性作为实体的外部表现而存在。实体和属性不能分开,只有在抽象思维领域两者才能分开存在。

其三,实体与属性处于不断变化之中。虽然机械唯物主义承认实体的物质恒定性,但没有用辩证的视角来看待实体,把实体绝对化。马克思主义哲学要把实体放在通过人的实践活动对自然、社会以及人本身所达成的统一上理解。马克思主义哲学的历史观"不是在每个时代中寻找某种范畴,而是始终站在现实历史的基础上,不是从观念出发来解释实践,而是从物质实践出发来解释观念的东西"②。

2. 过程范畴

恩格斯指出,世界不是既成事物的集合体,而是过程的集合体,其中各个似乎稳定的事物,同它们在我们头脑中的思想映象即概念一样,都处在生成和灭亡的不断变化中。③ 所谓过程,是指事物的生成、发展和灭亡。过程以事物为基础,体现了事物的变化,包括"运动与静止""原因与结果""必然与偶然""有限与无限""绝对与相对"等低一级范畴。

---

① 马克思,恩格斯.马克思恩格斯全集(第二卷)[M].北京:人民出版社,1957:164.
② 马克思,恩格斯.马克思恩格斯全集(第三卷)[M].北京:人民出版社,1960:43.
③ 马克思,恩格斯.马克思恩格斯文集(第四卷)[M].北京:人民出版社,2009:298.

早期的哲学家也比较关注在变化中把握事物,如亚里士多德把过程分为活动和实现两类,较好地体现了过程的潜在性和动态性。① 到了近代,科技革命突飞猛进,根据牛顿力学三大定律和万有引力定律,物体的空间位置在外力推动下发生变化,这进一步推进了人们对过程范畴的认识。受之影响,机械唯物主义者形成了绝对的时空观。黑格尔哲学则贯彻了辩证法,他指出,存在作为共性的概念本身就包含着非存在,存在作为空无所有的抽象的东西与非存在没有差别,这样的存在同时具有两种性质,它既是存在,又是非存在。基于这样的认识,黑格尔把事物的本质理解为过程,理解为生成、发展和灭亡。之后,爱因斯坦相对论的发表,进一步推动了人们对时空观绝对性和相对性的统一认识。

马克思主义哲学坚持运动不能脱离物质,离开现实事物本身的变化和发展,世界上便无所谓现实的过程。过程是从一种现实存在向另一种现实存在的转变。哲学史的演化告诉我们,实体转化为过程,亦即实体作为无限地生成和发展的过程存在,是实体的主体性和辩证性充分展开并达到有机统一的结果,从对实体的认识发展到对过程的了解是一种认识的深化。我们需要从以下几个方面来认识过程范畴。首先,空间和时间是物质的存在形式,过程连接时间的绵延和空间的广延。列宁指出:"世界上除了运动着的物质,什么也没有,而运动着的物质只能在空间和时间中运动。"② 其次,发展是过程的具体体现。发展意味着新事物的产生、旧事物的灭亡,揭示了运动变化的本质。再次,认识事物的发展过程必须把握因果范畴。世界是由运动着的事物所构成的普遍联系、相互制约的整体。原因和结果是反映运动过程中前后相继的事物之间的相互制约、相互依存关系的一对哲学范畴。然后,任何现实的变化过程总是必然和偶然相互作用的结果。在相互

---

① 亚里士多德.形而上学[M].吴寿彭,译.北京:商务印书馆,1959:183.
② 列宁.列宁选集(第二卷)[M].北京:人民出版社,2012:137.

作用中,必然性规定了过程总体的性质和趋势,偶然性则规定了这一性质和趋势的表现特点,使局部过程与总体变化趋势发生某种偏离,甚至改变局部变化的方向,并加速或延缓变化的进程。最后,可能和现实范畴揭示了过程经历的两个不同阶段之间的联系,即从前一事物向后一事物转化过程中所表现出来的两个事物之间的联系。事物在过程中总是先作为一种可能的存在,然后才能作为现实的存在。相对于一个事物的产生来说,过程就是从可能到现实的运动。①

3. 关系范畴

恩格斯指出:"当我们深思熟虑地考察自然界或人类历史或我们自己的精神活动的时候,首先呈现在我们眼前的,是一幅由种种联系和相互作用无穷无尽地交织起来的画面,其中没有任何东西是不动的和不变的,而是一切都在运动、变化、产生和消失。"②所谓联系,是指事物之间以及事物内部诸要素之间的相互影响、相互制约、相互作用。关系和联系意思接近,大多数时候可以互换使用,关系更多地体现了人的主体因素。

关系具有客观普遍性,世界上不存在绝对孤立的事物,事物内部各要素之间也存在着互相影响、互相制约、互相转化的关系。在此要注意过程和关系的区别和联系。过程和关系是两个独立的范畴,过程体现了事物发展变化的本质属性,关系体现了事物发展变化的规律性认识。同时,自然界和人类社会的发展过程处于一种联系之中,世界既是联系的,也是发展的。

恩格斯指出:"自然界中的普遍性的形式就是规律。"③事物在变化过程中的关系体现为规律。规律是事物发展过程中固有的、本质的、必然的联系,规律在人的意识之外,能为人的意识所认识,不以人的意识为转移。根

---

① 高清海.马克思主义哲学基础(上册)[M].北京:人民出版社,1985:251-291.
② 马克思,恩格斯.马克思恩格斯全集(第二十卷)[M].北京:人民出版社,1971:23.
③ 马克思,恩格斯.马克思恩格斯全集(第二十卷)[M].北京:人民出版社,1971:577.

据层次的不同,规律可以分为哲学辩证法规律和一般科学规律;根据内容对象的不同,规律可以分为自然规律、社会规律和思维规律等。这里主要关注哲学辩证法规律。辩证法规律是最高层次的规律,辩证法规律是从自然界和人类社会的历史中抽象出来的。辩证法规律不是别的,正是历史发展的这两个方面和思维本身的最一般的规律。① 辩证法规律体现为质量互变规律、对立统一规律和否定之否定规律。

首先,质和量是事物的两种不同的规定性,发展就是质量互变的过程,也是新事物否定旧事物的过程。黑格尔最早把量变和质变统一起来,马克思主义哲学扬弃了黑格尔的思想,指出量变在一定范围内不会引起质变,但是如果超出限度,突破临界点,就会引起质变,旧质消灭,新质产生。质量互变规律对"存在与非存在""渐进与飞跃""连续性与间断性"等发展过程中的关系进行了深入探究,披露了事物之间转化的内部机制,揭示了发展的飞跃性。

其次,一切事物必然具有矛盾,矛盾是对立统一规律的核心,也是事物发展变化的动力。列宁指出,人类认识史上有两种基本的发展(进化)观点:第一种认为发展是减少和增加,是重复;第二种认为发展是对立面的统一。第一种观点是死板的、平庸的、枯燥的;第二种观点是活生生的。只有第二种观点才提供理解一切现存事物的"自己运动"的钥匙,才提供理解"飞跃""渐进过程的中断""向对立面的转化""旧东西的消灭和新东西的产生"的钥匙。② 矛盾的产生、发展是一个过程,旧的矛盾消灭,新的矛盾产生,处在不断变化发展之中。矛盾体现了事物的本质关系,我们要学会在对立中把握统一,在统一中把握对立。

最后,否定之否定规律彰显了发展的道路和趋势,事物的矛盾运动过程

---

① 马克思,恩格斯.马克思恩格斯全集(第二十卷)[M].北京:人民出版社,1971:401.
② 列宁.列宁选集(第二卷)[M].北京:人民出版社,2012:557.

决定了事物的发展过程必然表现为否定之否定。马克思指出:"一切发展,不管其内容如何,都可以看作一系列不同的发展阶段,它们以一个否定另一个的方式彼此联系着。"①康德的四组十二个先验范畴已经蕴含了否定之否定的思想。黑格尔批判继承了康德的学说,完善了"正题—反题—合题"三段式理论。列宁指出:"人的认识不是直线(也就是说,不是沿着直线进行的),而是无限地近似于一串圆圈、近似于螺旋的曲线。"②否定之否定规律阐明了事物发展和人类认识的螺旋式上升过程。

三、知识社会学理论

"知识社会学"一词最早由德国哲学家马克斯·舍勒提出。舍勒认为,知识社会学主要研究群体的"精神",它追溯知识从社会最高层向下扩散所经历的各种法则,以发现知识本身是如何在社会各个群体之间分布,以及社会是如何调控这种分布的。③ 舍勒开创了知识社会学的研究,并为知识社会学成为一个相对独立的学科作出了贡献,但是他的研究比较偏理论,并且有浓厚的形而上学色彩。曼海姆在舍勒的基础上,建立了更加严密的知识社会学基础,以分析社会团体是如何构建知识体系的。在《意识形态和乌托邦》一书的第五章中,曼海姆专门分析了知识社会学的定义、范围、过程、作用和历史溯源等内容。他认为,知识社会学不能把知识看作认识的成果,而应把知识看作精神现象的产物,要研究知识与社会的关系及相互作用。同时,曼海姆认为,知识社会学与意识形态是紧密相连的,但其本身不具有道德含义。他指出,在知识社会学中,"意识形态"这个术语的用法并不包含任

---

① 马克思,恩格斯.马克思恩格斯选集(第一卷)[M].北京:人民出版社,1972:169.
② 列宁.列宁选集(第二卷)[M].北京:人民出版社,2012:560.
③ 马克斯·舍勒.知识社会学问题[M].艾彦,译.北京:华夏出版社,2000:62-63.

何道德的含义或者谴责的含义。毋宁说,它所指的是一种研究旨趣,只要各种社会结构开始通过各种断言的结构表达自己,而且从这种意义上说社会结构决定这些断言的结构,这种研究旨趣就会使人们去面对正在出现的问题。①

  知识社会学的产生与发展需要结合欧洲的学术传统来考察。狄尔泰、孔德、杜尔凯姆、韦伯等人的研究为知识社会学打下了坚实的理论基础。狄尔泰明确地把"自然科学"和"社会科学"两个范畴区分开来,并认为历史上遗留下来的种种典籍、制度和习惯都体现了人的生命和精神,因而社会科学又可称为"精神科学"。孔德开启了社会学的传统,杜尔凯姆、韦伯等人在其基础上进行了深入探讨,其中杜尔凯姆更看重作为认知结构的知识的文化意义,韦伯则补充了价值中立性和宗教的精神因素。默顿根据上述思想家的理论研究,总结了知识社会学五个方面的范式。其一,精神生产的存在基础。可以进一步分为社会基础(包括社会地位、生产方式、权力结构、群体结构、种族归属等)和文化基础(包括价值观、文化类型、世界观、大众精神、时代精神等)两部分。其二,进行社会分析的精神产品。可以进一步分为可供分析的领域(包括道德信仰、意识形态、思想范畴、宗教信仰、社会规范等)和可供分析的方面(包括抽象层次、预先假定、概念内容、验证模式、思维活动的对象等)两部分。其三,精神生产与存在基础的关系。例如因果关系、功能关系、符号关系、有机关系、意义关系等。其四,受社会存在影响的精神产品所具有的外显功能和潜隐功能。例如维护权力、促进稳定、确定取向、引导行为、回避批评等。其五,存在和知识的理论基础是历史主义理论和一般的分析性理论。② 之后,福柯在论述知识时,把知识同历史上的各种关于权力与话语的认识论和理论联系起来。福柯认为,话语的秩序体现了知识对

---

① 曼海姆.意识形态和乌托邦[M].艾彦,译.北京:华夏出版社,2001:321.
② 默顿.科学社会学(上册)[M].鲁旭东,林聚任,译.北京:商务印书馆,2011:14-15.

人类社会权力系统的屈服。

应该说知识社会学理论庞杂,诸多学者都进行了自己的阐述,但这些阐述都或多或少地存在一些缺憾。科学理解知识社会学必须要回到马克思主义经典理论。正如默顿所指出的,马克思主义是知识社会学风暴的重心。[1] 可以说,马克思是知识社会学研究的先行者。马克思认为:"意识的存在方式,以及对意识来说某个东西的存在方式,这就是知识。知识是意识的唯一的行动。因此,只要意识知道某个东西,那么这个东西对意识来说就生成了。"[2]在这里,马克思指出了意识和知识的关系。之后,马克思建立了唯物史观,他认为观念是由社会存在决定的,因为"思想、观念、意识的生产最初是直接与人们的物质活动,与人们的物质交往,与现实生活的语言交织在一起的"[3],而最终人们的社会存在决定人们的意识。

四、品格德性理论

思想政治教育的最终目的是培养受教育者良好的道德和稳定的品格。西方学者关于道德发展和品格形成的学术争论最早可追溯至苏格拉底、柏拉图、亚里士多德等人对美德的讨论。苏格拉底提出了"知识即美德"的著名命题,把知识和美德合一。柏拉图认为,一个国家应该具有智慧、勇敢、节制、正义四种美德,其中智慧是统治者的主德性,勇敢是国家保卫者的主德性,节制是自由公民的主德性,正义是其他诸德性实现的最高境界。亚里士多德则较为全面地研究了德性问题。他认为,某物的德性不但要使该物状况良好,而且要给予该物优秀的功能。例如,眼睛的德性不但要使双目明

---

[1] 默顿.科学社会学(上册)[M].鲁旭东,林聚任,译.北京:商务印书馆,2011:16.
[2] 马克思,恩格斯.马克思恩格斯全集(第三卷)[M].北京:人民出版社,2002:327.
[3] 马克思,恩格斯.马克思恩格斯全集(第三卷)[M].北京:人民出版社,1960:29.

亮,而且要让双目视力敏锐。① 亚里士多德总结了德性的定义,他指出,德性是一种决定着对情感和行为的选择的品质,它受到理性的约束。② 亚里士多德将德性分为伦理德性和理智德性:伦理德性是在社会共同体中逐渐形成的惯例、风俗、规范等;理智德性来源于人们灵魂中优秀的理性思考品质,如技术、科学、理智等。③

20世纪晚期,西方出现了一场声势浩大的新伦理学运动,它以反思西方传统伦理思想的目的出现,对以功利论、义务论和新契约论等思想为代表的规范伦理学进行了批评,力图恢复亚里士多德德性伦理传统,建构现代西方德性伦理学,并逐渐演化为一场德性伦理学复兴运动。德性伦理学与功利论、义务论成为伦理学主要的三个流派。赫斯特豪斯指出德性伦理学具有以下特征:(1)更多以"行为者"为中心,而不是以"行为"为中心;(2)更多关注"是什么",而不是"做什么";(3)更多追问"我应当成为怎样的人",而不是"我应该采取怎样的行动";(4)更多采用特定的"德性论"概念(如好、优秀、美德等),而不是"义务论"概念(如正确、义务、责任等);(5)拒绝承认伦理学可以凭借那些能够提供具体行为指南的规则和原则而法典化。④

五、心理学相关理论

20世纪80年代以来,随着新品格教育运动的兴起,西方关于品格的研究与品格教育紧密相关,并且其研究成果主要集中在品格心理学和品格教育学两个方面。随着研究的深入,品格的定义逐渐由心理学意义上的特质

---

① 亚里士多德.尼各马科伦理学[M].苗力田,译.北京:中国人民大学出版社,2003:32.
② 亚里士多德.尼各马科伦理学[M].苗力田,译.北京:中国人民大学出版社,2003:34.
③ 亚里士多德.尼各马科伦理学[M].苗力田,译.北京:中国人民大学出版社,2003:124.
④ 赫斯特豪斯.美德伦理学[M].李义天,译.南京:译林出版社,2016:27.

论(把品格定义为道德特质或美德的集合,是人格在道德方面的表现),转向了整合论(以"三维论"为代表)。"三维论"从认知、情感、行为整合的角度对品格进行了分析,品格的内涵由此得到扩展并被运用到品格教育的理论与实践中。里克纳将品格定义为对善的认识、对善的欲求、对善的行为,即心理的习惯、心灵的习惯、行动的习惯。他认为,品格由道德认知、道德情感、道德行为这三个互相联系的部分组成,好的品格包括认知善、趋向善、作为善,并详细分析了构成良好品格的具体要素,如道德意识、道德推理、道德决断等。

儿童心理学家观察到,儿童是通过观察和体验他人对待自己或者他人之间的行为方式来强化自己的认知的。埃里克森基于精神分析理论和临床实践在1963年提出自我同一性理论,指出行为者是理性、情感、欲望等多种要素的复合体,会形成他们各自的自我同一性,会在个人自我定位、过往经验、将来期望之间达成统一,形成对身份、功能、关系的现实理解,并对心灵、情绪、偏好等进行塑造,用来应对自我所处的环境。在人与社会的关系中,弗洛姆提出了社会无意识理论。他指出,每个社会都会凭借自己的生活实践方式、联系方式、情感方式、知觉方式,发展出决定意识形态的一个体系或各种范畴。①

六、生态学相关理论

生态学是强调过程、互动系统性的跨学科创新理论,提升了学科跨界研究水平,促使研究者重新思考学术研究的出发点,拷问既有方法论是否颠扑不破。思想政治教育学研究人与社会之间的互动关系,如果把社会看作一

---

① 埃里希·弗洛姆.在幻想锁链的彼岸——我所理解的马克思和弗洛伊德[M].张燕,译.长沙:湖南人民出版社,1986:115.

个大的生态系统,那么研究人与自然之间关系的生态学的相关理论也可以在一定程度上对思想政治教育学的发展产生借鉴意义。

生态学中有"结构耦合"的理论,具体指在重复互动的历史作用下,产生两个或两个以上系统之间结构和谐。根据莱文廷的描述,生物体和环境互动形成系统关联,没有生物体就没有环境。换句话说,生物体既是进化的对象,也是进化的主体,这就是"自组织"现象,体现了系统关联的机制。

结构耦合强调互动的过程,强调系统的自主性和生物与环境之间的依存关系。同样,人与社会的互动关系也不是简单的语言、行动等的组合关系,而是涉及历史、文化、社会、生理等多种现象的结构耦合。

第 二 章

知识：思想政治教育促成观念内化的基础性要素

在思想政治教育学领域中,作为教育的内容,知识是促成受教育者观念内化的基础性要素。知识作为实践的产物和意识的对象,是客观存在和主观认识的统一。传播知识是最重要的教育手段,知识的传播与扩散可以进一步促进观念的内化。知识转化为受教育者的观念并实现内化,是其发挥社会效用的必经之路。

第二章 知识:思想政治教育促成观念内化的基础性要素

第一节 知识的定义与分类

"知识是什么""认识知识是否可能"等问题,在人类社会发展过程中长期存在着争论。在思想政治教育学领域中,作为教育的内容,知识是促成受教育者观念内化的基础性要素。如果不研究知识的定义、分类、作用和内在机理,那么教育的效果将是不可控的。同时,我们也需要借助知识论哲学和教育社会学的相关观点拓宽视野,构建对知识的新认知。

一、知识的定义

中国古代对于知识论有比较深入的阐释。《孟子》中说:"人之所不学而能者,其良能也;所不虑而知者,其良知也。孩提之童,无不知爱其亲者;及其长也,无不知敬其兄也。亲亲,仁也;敬长,义也。"该论述表明,有关是非善恶的知识是生而自有的。先秦哲学中,论"知"最详细的是墨家。张岱年指出,《墨经》中"知"有三种:闻知、说知、亲知。"闻知"主要指由他人传授的知识,"说知"主要指推论的知识,"亲知"主要指亲身接触、观察事物而获取的知识。荀子认为,一切知识源于感觉,他在《天论》中提出:"耳目鼻口形,能各有接而不相能也,夫是之谓天官。心居中虚,以治五官,夫是之谓天君。"张载在《正蒙》中说:"见闻之知,乃物交而知,非德性所知。德性所知,不萌于见闻。"他认为,"德性所知"不受感官限制。王守仁论"知"专指道德认识,他在《传习录》中说:"知是心之本体,心自然会知。见父自然知孝,见兄自然知弟，见孺子入井自然知恻隐。此便是良知，不假外求。"中国古代哲学家大体围绕"格物"和"致知"两大类别对知识的来源进行区分："格物"是关于事物的知识，需要借助人的感官；"致知"是寻求心中的道德认识，不受感官的限制。另外，中国古代哲学家比较注重知识获取过程中"知行关系"的研究，例如朱熹的"先知后行"、王守仁的"知行合一"、王夫之的"知行终始不相离"等。

古希腊智者学派基于相对主义的学说对知识采取怀疑的态度。在普罗塔哥拉看来，人是万物的尺度。他提出，人们对于同一事物可以有正反两种看法，而且在正反两种看法中，无法确定哪一个为真。普罗塔哥拉认为，个体感觉是每个个体唯一可以信赖的东西，由于个体感觉具有差异性，因此普遍性的知识是不可能存在的。高尔吉亚进一步提出了以下三个论点：第一，无物存在；第二，如果有物存在，那它也无法为人所把握；第三，即使它可以为人所把握，也不可能把它说出来告诉别人。①

苏格拉底对智者学派的观点进行了反驳，他着力寻求确定的知识的定义，奠定了知识论哲学的基础。不过需要指出的是，苏格拉底的观点只能从柏拉图的对话集中去发现，具体哪些是苏格拉底的观点，哪些是柏拉图的观点比较难分辨。比如在《美诺篇》中，苏格拉底指出，由于美德不可教，因此我们无法再相信它是知识。② 这和传统观点所认为的是苏格拉底提出了"美德即知识"和"美德是可教的"相冲突。

一般认为，柏拉图对知识的定义的研究更为充分。他在《美诺篇》中提出，真信念一旦被捆绑住，就变成了知识，成了稳定的东西，有无捆绑是二者的区别。③ 不过，"捆绑"具体是何意在文章中并没有进行阐释。在专门讨

---

① 北京大学哲学系外国哲学史教研室.西方哲学原著选读(上卷)[M].北京:商务印书馆,1981:56-57.
② 柏拉图.柏拉图全集(第一卷)[M].王晓朝,译.北京:人民出版社,2002:534.
③ 柏拉图.柏拉图全集(第一卷)[M].王晓朝,译.北京:人民出版社,2002:533.

论知识的《泰阿泰德篇》中,柏拉图也没有给出知识的定义,只是说知识不是感觉,不是真实的信念,也不是真实的信仰加上解释等。① 如果我们把"捆绑"理解为确证,那么可以认为柏拉图确实提出了知识的定义,即知识是确证的真信念(justified true belief)。同时,柏拉图认为存在着两个世界:一为"可知世界",亦即理念世界,它是永恒不变的,从而也是最真实的;二为"可见世界",亦即现象世界,它是变动不居的,从而也是最不真实的。"可知世界"是原本,而"可见世界"不过是"可知世界"的摹本而已。柏拉图的观念赋予知识普遍必然性。

洛克是近代第一个明确把哲学的任务规定为研究知识的来源、确定性和范围的人。洛克反对"天赋观念论",提倡"心灵白板论",主张知识和经验事实相关,他把知识分为"感觉的知识"和"反思的知识"。受洛克的影响,休谟把知识分为"观念的知识"和"事实的知识"。休谟认为,"观念的知识"是指几何、代数等科学知识,这种知识基于直觉的确定性和论证的确定性,不依赖于经验,因而是普遍必然的;"事实的知识"关系到人们周围的事实,以经验为来源和基础,因而是偶然的、不确定的。休谟指出,经验中并没有等待人们去发现的普遍必然的因果联系,因果联系并不具有经验的根据,任何经验事实的反面都是可能的,并不能在对经验事实有限归纳的基础上推导论证其普遍必然性。休谟关于知识的观点具有浓厚的怀疑主义,怀疑主义在知识论中占据重要地位。正如罗蒂所说,怀疑主义和近代哲学主要样式之间具有一种共生关系,它们同生共死。② 康德借鉴了休谟的理论,在《纯粹理性批判》和《未来形而上学导论》中把知识区分为经验的知识、纯粹的知识或先天的知识、形而上学的知识。康德在这里提出的形而上学的知识,主要指的是上帝、自由和灵魂不朽等知识。此外,康德又通过"人为自然立法"

---

① 柏拉图.柏拉图全集(第二卷)[M].王晓朝,译.北京:人民出版社,2003:649-753.
② 理查·罗蒂.哲学和自然之镜[M].李幼蒸,译.北京:生活·读书·新知三联书店,1987:97.

来回应休谟的疑问。康德认为,因果联系未必来自外界,可以是人赋予事物因果联系。尽管康德试图对科学知识的客观有效性进行充分的证明,但在他那里,物自体世界始终作为科学知识无法企及的彼岸而存在。与经验论哲学家相对应的是唯理论学者,如斯宾诺莎和笛卡尔都把理性视为知识的来源,他们认为可以通过数学、几何学的方法推演出其他知识。不过,他们将上帝视为知识的逻辑原点。笛卡尔曾说,一切知识的可靠性和真实性都取决于对于真实的上帝这一唯一的认识,因而在认识上帝之前,我是不能完满知道其他任何事物的。① 可见,近代西方哲学家囿于时代条件,并不能很好地回答知识来源的问题。

西方知识论在 20 世纪六七十年代再次兴盛,其研究主要集中在知识的结构与确证问题上。哲学家们通过回溯柏拉图关于知识的定义的论述,针对知识的三要素"确证""真""信念"展开了讨论。罗素认为,三要素必须结合起来才是知识的完整定义。他在《哲学问题》一书中指出,乍看上去,我们可能以为知识的定义就是"真信念"。在我们所相信的乃是真的时候,我们就会以为对于自己所相信的已经有了一种知识了,但是这就会不符合"知识"这个词的普通用法了。② 虽然哲学家们对此存在争论,但是知识的三要素逐渐为学界所认可。知识是人类社会创造的一套符号系统,为人类文明的发展和延续提供了基础条件。真理就是体现事物本质规律的知识,是知识的最高层次,因而知识的本质要求就是求真。针对"知识是确证的真信念"这个定义,部分哲学家围绕"真"的标准和内容进行了争论,本质上是对是否存在真知的疑问。从人类诞生之日起,知识就在不断积累和更新,知识的领域也在不断扩大。正如恩格斯所说,今天被认为是合乎真理的认识都有它隐蔽着的、以后会显露出来的错误的方面,同样,今天已经被认为是错

---

① 笛卡尔.第一哲学沉思集[M].庞景仁,译.北京:商务印书馆,1986:74-75.
② 罗素.哲学问题[M].何兆武,译.北京:商务印书馆,2007:108.

误的认识也有它合乎真理的方面,因而它从前才能被认为是合乎真理的。① 真理是绝对性和相对性的统一:真理的绝对性体现了人类认识中包含着符合客观规律的正确内容;真理的相对性体现了人类认识的条件性,超出这一条件,就会失去真理性。认识都是具体的认识,因而绝对真理只能蕴含于相对真理之中。列宁指出:"人的认识不是直线(也就是说,不是沿着直线进行的),而是无限地近似于一串圆圈、近似于螺旋的曲线。"②这一过程也就是相对真理向绝对真理运动的过程:"从现代唯物主义即马克思主义的观点来看,我们的知识向客观的、绝对的真理接近的界限是受历史条件制约的,但是这个真理的存在是无条件的,我们向这个真理的接近也是无条件的。"③

二、知识的分类

前文提及,一些哲学家已经对知识进行了各种各样的分类。知识是人们实践之后的认知结果,在其前面添加修饰语可以构成新的知识类型,如学科中的数学知识、语文知识、英语知识等,但这些作为成果展现的知识类型并不是本书所要重点讨论的对象。本书将重点考察在思想政治教育过程中对受教育者产生了较大影响的知识类型,如显性知识与隐性知识、个体知识与社会知识等。

(一) 显性知识与隐性知识

波兰尼提出,人类有两种知识,通常所说的知识是用概念、公式、图形等

---

① 马克思,恩格斯.马克思恩格斯文集(第四卷)[M].北京:人民出版社,2009:299.
② 列宁.列宁选集(第二卷)[M].北京:人民出版社,2012:560.
③ 列宁.列宁选集(第二卷)[M].北京:人民出版社,2012:96.

形式来表述的,这只是知识的一种形式,还有一种知识是不能系统表述的,例如有关我们自己行为的某种知识。如果将前一种知识称为"显性知识",那么后一种知识可以被称为"隐性知识"(又称"默会知识")。① 进一步来说,显性知识是可以被编码成为信息的知识,而隐性知识通常只可意会、无法言传、难以被编码。

经济合作与发展组织对知识的分类具有较高的权威性。根据该组织《以知识为基础的经济》专题报告的划分,知识被归纳为四种类型:事实知识(know-what,关于事实的知识)、原理知识(know-why,关于自然原理和科学的知识)、技能知识(know-how,关于如何去做的知识)、人力知识(know-who,知道谁拥有自己所需要的知识)。② 其中,事实知识和原理知识属于可被编码的显性知识,可以通过语言文字等方式获取。技能知识和人力知识属于不可被编码的隐性知识,这两种知识必须依靠个体实践才能真正获取,外界的经验只能起到辅助作用。

由于显性知识是可以通过概念、公式、图形等形式进行编码表述的,因此人们通过经验和理性能够较好地把握显性知识,传统知识论也比较关注显性知识的生产和传递。相较而言,单纯使用经验和理性是难以对隐性知识进行有效把握的,如在小说创作、绘画或者演奏等场景中,对于学习者来说,除了内心思考和外部交流外,反复的亲身实践至关重要。思想政治教育所生产和传递的知识并不像数学、物理知识一样具有清晰的定义和推演过程,教科书中的知识完全可能被学生当作应付考试的工具,如此,使受教育者形成一致的行动和稳定的品格这一思想政治教育的目的将难以达到。因此,要实现思想政治教育的有效性,就必须对隐性知识的特点进行深入

---

① Michael Polanyi. The Study of Man [M]. Chicago:The University of Chicago Press,1963:12.
② 经济合作与发展组织(OECD).以知识为基础的经济[M].杨宏进,薛澜,译.北京:机械工业出版社,1997:6-9.

研究。

隐性知识具有如下特点:其一,隐性知识具有内隐性和无意识性。内隐学习是让隐性知识的学习者不直接学习相关规则,而是给其关于这些规则的大量材料,让其不断处于对这些材料的感知中,无意识地自动习得这些规则,学习语言时语感的培养就是一个很好的例子。其二,隐性知识具有主观性和固化性。隐性知识通常具有较强的主观性,学习者在学习隐性知识的过程中,会因为个体感知能力和情境的不同而产生不同的学习感受。同时,个体的隐性知识具有一定的固化性,一旦形成,较少受外界因素影响,也不易被遗忘,一般的环境改变很难对其产生影响。其三,隐性知识具有社会文化性。隐性知识隐含在个人的经验习惯中,同时也包含了个人的信念和文化价值观等因素。此外,学习者所在群体长期积淀的集体无意识会对个体的隐性知识产生深远影响。

值得一提的是,显性知识和隐性知识并不是截然分开的,二者可以在一定条件下相互转化,即显性知识可以隐性化、隐性知识可以显性化,比如心理学家依据眼球转动的情况和脑电波来描述学习者内隐学习的过程和兴奋点、计算机技术专家利用神经网络促进人工智能进行深度学习。[1] 日本学者野中郁次郎在其研究中展示了企业创新活动过程中,显性知识和隐性知识的相互作用和相互转化。他认为,知识转化有四种基本模式:隐性知识到隐性知识的潜移默化(socialization)、隐性知识到显性知识的外部明示(externalization)、显性知识和显性知识的汇总组合(combination)、显性知识到隐性知识的内部升华(internalization),这就是著名的 SECI 模型。这一模型在教育领域也同样适用,例如高度个性化的隐性知识通过概念化、系

---

[1] 深度学习是机器学习研究中一个新的领域,其基于对数据进行表征学习的方法,建立模拟人脑进行分析学习的神经网络,研究人员会用大量数据和算法"训练"机器,让机器学会自主学习并完成任务。

统化成为可以共享的知识体系,其他社会成员对知识体系进行学习、吸收后能够形成自己的隐性知识。

(二) 个体知识与社会知识

以上对显性知识与隐性知识的分析,主要是基于个体知识习得的视角。如前文所述,思想政治教育是统治阶级根据社会主流意识形态的内容和要求,用一定的思想政治观念和道德规范,对社会成员有目的、有计划、有组织地施加影响,最终使社会成员形成一致的行动和稳定的品格的过程。思想政治教育的本质属性提醒我们,要在个体与社会的互动中生产和传递知识,因此考察个体知识与社会知识的关系显得尤为重要。

传统知识论侧重从个体知识发生的角度研究知识,强调方法论和知识内在逻辑的研究。近代以来,罗素较早开始关注个人经验与整体知识之间的关系。在《人类的知识——其范围与限度》一书的引论中,罗素指出,本书的主要目的在于考察个人经验与科学知识整体之间的关系。[1] 波普尔在罗素的基础上作了进一步研究。波普尔认为,如果不过分认真地考虑"世界"一词,那么可以区分出下列三个世界:第一,物理客体或物理状态的世界;第二,意识状态或精神状态的世界,或关于活动的行为意向的世界;第三,思想的客观内容的世界,尤其是科学思想、诗的思想以及艺术作品的世界。[2] 在波普尔看来,第三个世界就是客观知识的世界,其具有客观性和自主性,他强调把知识客观化,使它们成为讨论的对象,然后让这些理论、假定、猜想在认识主体之外发展。波普尔把客观知识视为"没有认识主体的认识论",割裂了知识与认识主体之间的关系,没有正确把握知识在个体和社会间的互

---

[1] 罗素.人类的知识——其范围与限度[M].张金言,译.北京:商务印书馆,1983:3.
[2] 卡尔·波普尔.客观知识——一个进化论的研究[M].舒炜光,卓如飞,周柏乔,等译.上海:上海译文出版社,1987:114.

动与建构。

知识本质上是社会的产物,它来源于实践,并在不同个体的社会交往过程中得以呈现。作为认识主体的人类之间通过知识发生互动后,延展了知识的承继性和社会性,从社会学视角可以把知识分为个体知识与社会知识。知识一旦生成便具有了一种"延展性",个体知识进入社会中便获得了一种脱离原知识主体及其实践活动的自由发展规律,任何人都可以对其进行阐释,人与人在社会交往过程中实现了对社会知识的积累与构建。个人通过知识共享将知识社会化,将自身知识、技能、想法、价值观传递给社会中的其他个体,其他个体将接收到的知识进行整合并运用于自身实践中。社会中的学校、科研机构等进一步把这些知识整理分类,储存在社会的各个知识库中,再通过教学等社会成员易于接受的形式进行传递,使个人的知识达到了社会层面,知识的价值在此过程中得到了扩散与衍化。反过来,社会知识具有规范个体行为的功能,个体只有按照社会的要求来构建和修正个人的知识体系,逐步实现自我知识体系构建的社会化,才能成为社会所需要的人。正如马克思所指出的:"人的本质不是单个人所固有的抽象物,在其现实性上,它是一切社会关系的总和。"①

人的发展实际上也是个体知识和社会知识相互交融的过程。教育者和受教育者之间的互动正是社会知识公共性维度和个体知识多样性维度的相互实现。教育者通过其个体化的呈现,把社会知识传达给受教育者成为其个体知识,受教育者进而在与他人交往过程中实现知识的普遍性与公共性。此外,我们在认识个体知识与社会知识时,要注意辩证把握个体知识的主观性、境域性、内隐性和社会知识的客观性、普遍性、外显性。

---

① 马克思,恩格斯.马克思恩格斯文集(第一卷)[M].北京:人民出版社,2009:501.

第二节 知识在促成观念内化中的作用

知识首先要成为个体意识的对象才可以发挥作用。知识在个体与社会的互动中生产和传递,因而具有了价值负载作用。在思想政治教育过程中,传播知识是最重要的教育手段,知识的传播与扩散可以进一步促进观念的内化。

一、知识是意识的对象

马克思指出:"意识的存在方式,以及对意识来说某个东西的存在方式,这就是知识。知识是意识的唯一的行动。因此,只要意识知道某个东西,那么这个东西对意识来说就生成了。知识是意识的唯一的对象性的关系。"[①]知识也只有成为意识的对象才可能在个体中产生观念。知识的基础离不开知识的对象,知识总是对象的知识,而知识的对象来源于主体间的建构。如前文所述,知识是确证的真信念,知识来源于主体的实践过程之中,真理性的认识必须依靠主体来认识和拓展,否则只是一堆无意义、无联系的感觉和现象。"知识是意识的对象"这个命题是知识可以促进受教育者观念内化的前提条件,知识必须先被"观"才能形成受教育者的"念"。

只有对象是被认识到的对象,自我是被意识到的自我,人的主体性才能

---

① 马克思,恩格斯.马克思恩格斯全集(第三卷)[M].北京:人民出版社,2002:327.

彰显。马克思指出,人是有意识的类的存在物。动物对外界对象的反映一般很简单,主要是通过感性知觉,至多达到思维萌芽的阶段,应该不存在稳定的思维世界。相较而言,人的意识则具有丰富的内容和多样的形式,尤其是人可以通过语言文字把意识客观化和社会化,形成知识的代际传递。观念的创造活动正是在于作为主体的人通过对知识的加工再造,突破了个体的物理空间限制,实现了个体自我意识的自由。

二、知识的价值负载和传播衍化作用

知识具有价值负载作用。知识能够对社会产生巨大的影响,同时知识也受到社会的影响或控制。从经济利益的维度看,知识的产生、发展在很大程度上取决于社会需求,社会可以在人力、物力和财力上影响、制约知识的发展;从政治的维度看,国家和政府需要借助知识来实现其政治、军事和经济目的;从文化的维度看,任何知识的发展都无法脱离它们所处的文化环境,并受到这种文化环境的制约。巨大的社会力量作用于知识,使知识可以服从于社会的各种需要,同时也可以从根本上改变知识自身的存在和活动方式。知识是认识的精神成果,它通过主观思维把握客观世界的本质和规律,体现为主观认识和客观实存的统一。正如马克思所指出的:"统治阶级的思想在每一个时代都是占统治地位的思想。这就是说,一个阶级是社会上占统治地位的物质力量,同时也是社会上占统治地位的精神力量。"[①]

知识具有传播衍化作用。知识本质上是一种社会共识,是历史上的人类群体共同创造传播的产物,并且随着时间变化而不断发展。人类群体中的智者和专门研究者组成的共同体,通过观察自然界和人类社会,讨论他们

---

① 马克思,恩格斯.马克思恩格斯文集(第一卷)[M].北京:人民出版社,2009:550.

的发现并将结果加以记录,在可能达到的最广泛的范围里,致力于建立观点的合理性和一致性。无论何时何地,知识一旦产生,便天然地具有传播衍化的要求和作用。

知识作为社会智识储存系统,它的正常运行和不断扩大依靠的主要是公共的或社会的形式,并通过传播扩散和讨论验证不断进行发展。思想政治教育的过程就展现了知识流动的过程,承载社会主流价值观的知识进入官方认可的教科书,并由学校专业教师进行传授,教育者和受教育者互相切磋琢磨,进而使个体形成稳定而持久的观念。从这个意义上来说,知识天生就是要被传播的。这也提醒思想政治教育工作者不要急于排斥甚至压制不完全符合主流价值观的亚文化价值观点和思潮,应该学会和多元文化价值观共处,学习借鉴新技术和新话语手段,做好价值引领。当然,对于具有迷惑性甚至错误的观点,要及时发现甄别,及时指出其可能造成的恶劣后果,及时运用主流价值观的思想武器予以回应和驳斥。

第三节　知识促成观念内化的内在机理

知识社会学理论系统研究了知识在社会中的分布、传递规律以及社会对知识的调控机制。知识作为实践的产物和意识的对象,是客观存在和主观认识的统一。知识转化为受教育者的观念并实现内化,是其发挥社会效用的必经之路。知识在个体与社会之间持续流动,不断拓展新的认知领域,同时为个体与权力之间的互动提供了可能。

一、观念内化于受教育者中的理论逻辑

实践是认识的来源,也是检验认识正确与否的唯一标准。知识作为认识的智力成果,也只能来源于实践。如前文所述,只有当知识成为意识的对象并被受教育者内化为观念时,知识才真正完成了吸收和转化的过程。个体间观念的趋同,正是知识在共同的历史文化背景、认知水平和生活空间中流动的结果。

观念是人类对事物、现象或思想的认知与理解,其形成受到社会环境、文化背景和个人经验等多重因素的影响。观念既非人脑凭空臆造,也非脱离现实的超验存在。本质上,观念来源于人类的社会实践,并在人类的社会交往过程中不断强化。所谓先验和超验的观念,不过是外部世界在人脑中的反映所形成的观念凝结,并不存在超越人类实践的观念。正如马克思所指出的,人的思维是否具有客观的真理性,这不是一个理论的问题,而是一个实践的问题。人应该在实践中证明自己思维的真理性。[①]

需要注意的是,某些理论将观念简化为"要素的集合",或归结为"自我意识的先验统一",这些理论都未能准确反映观念的真实来源和形成过程。"要素的集合"理论将观念视为由独立要素组成的集合体,但实际上,观念并非要素的简单堆砌,而是这些要素在特定环境和条件下相互作用的结果。因此,"要素的集合"理论无法准确揭示观念形成的复杂性和动态性。"自我意识的先验统一"理论强调自我意识在观念形成中的先验作用,认为观念是自我意识对外部世界的统一反映。然而,自我意识并非先验存在,而是在个体与环境的互动中逐渐形成的。同时,观念不仅源于自我意识,还受到社会

---

① 马克思,恩格斯.马克思恩格斯文集(第一卷)[M].北京:人民出版社,2009:500.

环境、文化背景等多重因素的影响。因此,将观念归结为"自我意识的先验统一",同样无法准确反映观念的真实来源和形成过程。

探究观念内化于受教育者的理论逻辑,必须厘清观念与实践的辩证关系。首先,实践是观念形成的源泉。实践是人类认识世界和改造世界的基本活动,人类通过实践活动接触外部世界,形成对事物的初步认识,这些认识经过思维加工后,逐渐形成系统的观念。其次,实践是观念发展的根本动力。随着实践的深入,新事物、新现象和新问题不断出现,某些观念可能已经过时甚至出现错误,这促使人们不断对观念进行反思和更新。观念的发展离不开实践的推动,唯有通过实践,观念才能实现真正的突破。与此同时,观念对实践具有重要的反作用。正确的观念能够引导人们科学地认识世界,激发创造力,推动实践成功;错误的观念则可能导致认知偏差,削弱实践动力,甚至阻碍实践进程。在观念与实践辩证关系的指导下,我们应充分重视实践在观念形成和发展中的重要作用,积极培育正确的观念,以更有效地指导实践、推动社会进步。

人类通过实践活动接触不同的事物和现象,形成各具特色的观念。这些观念相互补充,具有动态发展性、社会交互性、历史阶段性和代际传承性,共同构成了人类丰富多彩的思想世界。首先,观念具有动态发展性。观念会随着实践活动的深入而不断发展变化,不同的观念之间既有冲突竞争,也有融合借鉴,观念因而得到创新和发展。其次,观念具有社会交互性。观念的形成和发展既受个体经验的影响,也受社会文化环境、政治制度等因素的制约,既体现了个体对世界的理解,也反映了社会共同体的认知。同时,观念也会反作用于社会,产生一定的塑造和建构作用。再次,观念具有历史阶段性。由于人类实践活动始终受到特定历史条件的制约,并呈现出鲜明的时代特征和发展趋势,因此源于实践的观念必然带有相应的历史阶段性特点。不同历史发展阶段会孕育出各具特色的世界观和思想观念体系。基于此,在评价历史观念时,我们必须秉持历史唯物主义视角,充分考量当时社会历史条件所带来的影响,不能脱离具体历史语境简单套用现代标准。最后,观念具有代际传承性。观念通过书面语言、日常交流等形式进行传递与传承,是人类文明的重要载体。这种传承机制突破了时空限制,能够确保观念的持续演进与发展。基于观念所具有的动态发展性、社会交互性、历史阶段性和代际传承性等特点,我们应当秉持开放包容的态度和批判性思维,持续进行观念的反思与更新,使之与时俱进。同时,我们应当尊重多元观念的价值,积极促进不同观念之间的交流与融合,从而更好地推动人类文明的进步与发展。

二、知识生成于社会意识形态中的实践逻辑

思想政治教育在本质上就是意识形态的传播。[①] 如前文所述,思想政治教育活动的本质属性要求知识要从个体进入社会中,社会知识也要进入个体知识中,在个体与社会的互动中生产、传递知识。知识社会学本质上就是研究知识与社会生产、经济结构、政治法律上层建筑和意识形态之间的关系,前三个部分更多地涉及知识和政治经济学科之间的关系,在思想政治教育学科领域要深入分析知识和意识形态之间的关系。法国哲学家、政治家特拉西在其著作《意识形态的要素》中较早提出"意识形态"的概念,并将其界定为中立的、为一切观念的产生提供一个真正科学的哲学基础的"观念科学"。

前文提及,曼海姆认为意识形态和知识社会学是紧密相连的。他把意识形态分为两类:特定的意识形态和总体的意识形态。曼海姆指出,当意识

---

① 董雅华.思想政治教育哲学问题研究[M].上海:复旦大学出版社,2019:63.

形态这个术语表示我们对由我们的对手所提出的各种观念和表象持怀疑态度的时候,它所隐含的就是有关意识形态的特定观念。这些观念和表象是对手对一种情境的现实本性的、多少带有一些故意成分的掩饰,因为对于这种现实本性的真实认识不符合他的利益。这些歪曲不仅包括故意撒谎,而且包括部分是故意的、不知不觉的掩饰;不仅包括精心策划的、欺骗他人的尝试,而且包括自欺。这种逐渐从关于说谎的常识概念中分化出来的意识形态观念,从几种意义上说都具有特定的意义。当人们使它与具有更大包容性的总体性意识形态观念相对照的时候,它的特殊性就显而易见了。在这里,我们指的是一个时代或者一个具体的社会群体所具有的意识形态。也就是说,当我们谈及这个时代或者这个群体所具有的总体性精神结构的构成和各种特征的时候,我们所指的是一个阶级的意识形态。① 由于特定的意识形态可能存在假象,而且"特定的意识形态概念还会消融在总体的意识形态概念中",因此曼海姆强调了对总体的意识形态研究的重要性。尽管曼海姆在马克思的影响下,继续明确了存在对知识的决定作用,并且对个人知识和群体知识、知识的非理性因素和偏见等也都有深入分析,但是他并没有建立知识和意识形态之间的清晰联系。

马克思主义经典理论对于意识形态进行了深入阐释,表面上批判了意识形态的虚假性,恩格斯认为:"意识形态是由所谓的思想家通过意识、但是通过虚假的意识完成的过程。推动他的真正动力始终是他所不知道的,否则这就不是意识形态的过程了。"②恩格斯认为,意识形态根本的特征是用幻想的联系来遮蔽并取代现实的联系。不过,恩格斯也指出:"人们头脑中发生的这一思想过程,归根到底是由人们的物质生活条件决定的,这一事

---

① 曼海姆.意识形态和乌托邦[M].艾彦,译.北京:华夏出版社,2001:66.
② 马克思,恩格斯.马克思恩格斯选集(第四卷)[M].北京:人民出版社,2012:642.

实,对这些人来说必然是没有意识到的,否则,全部意识形态就完结了。"①以上论述既是对意识形态虚假性的刺破,又是对真实状况的澄清,马克思基于以上两个维度对唯物史观作了如下经典论述:"人们在自己生活的社会生产中发生一定的、必然的、不以他们的意志为转移的关系,即同他们的物质生产力的一定发展阶段相适合的生产关系。这些生产关系的总和构成社会的经济结构,即有法律的和政治的上层建筑竖立其上并有一定的社会意识形式与之相适应的现实基础。"②

马克思主义经典理论对于知识在社会意识形态中的生成逻辑关系的论述主要体现为以下几个方面。首先,马克思对意识形态的产生进行了论述:"我们的出发点是从事实际活动的人,而且从他们的现实生活过程中我们还可以揭示出这一生活过程在意识形态上的反射和回声的发展。"③马克思还论述了社会存在对社会意识的决定作用:"因此,道德、宗教、形而上学和其他意识形态,以及与它们相适应的意识形式便失去独立性的外观。它们没有历史,没有发展;那些发展着自己的物质生产和物质交往的人们,在改变自己的这个现实的同时也改变着自己的思维和思维的产物。不是意识决定生活,而是生活决定意识。"④其次,意识形态的实现需通过知识教育的路径。马克思进一步强调,意识形态是通过传统和教育的途径为个人所接受的。马克思在谈到上层建筑时指出:"通过传统和教育承受了这些情感和观点的个人,会以为这些情感和观点就是他的行为的真实动机和出发点。"⑤个人是通过传统习惯和教育的方式来接受意识形态的,被接受的意识形态则表现为一种具有实践倾向的精神力量,它成了个人思考和行动的

---

① 马克思,恩格斯.马克思恩格斯选集(第四卷)[M].北京:人民出版社,2012:261.
② 马克思,恩格斯.马克思恩格斯文集(第二卷)[M].北京:人民出版社,2009:591.
③ 马克思,恩格斯.马克思恩格斯全集(第三卷)[M].北京:人民出版社,1960:30.
④ 马克思,恩格斯.马克思恩格斯全集(第三卷)[M].北京:人民出版社,1960:30.
⑤ 马克思,恩格斯.马克思恩格斯文集(第二卷)[M].北京:人民出版社,2009:498.

出发点。在马克思看来,人们并不是随心所欲地创造历史的,而总是在既定的、由过去继承下来的物质条件和精神条件的制约下创造历史的。意识形态的再生产通过教育的方式实现并为人们所接受。最后,知识和意识形态进行结合产生新的知识。恩格斯认为:"任何意识形态一经产生,就同现有的观念材料相结合而发展起来,并对这些材料作进一步的加工;不然,它就不是意识形态了,就是说,它就不是把思想当作独立地发展的、仅仅服从自身规律的独立存在的东西来对待了。"[1]意识形态与知识相结合,然后通过知识教育的路径进入个体,促进个体对意识形态的理解并采取所期望的行动,最终形塑个体品格。

---

[1] 马克思,恩格斯.马克思恩格斯选集(第四卷)[M].北京:人民出版社,2012:261.

第 三 章

行动:思想政治教育激发观念外化的关键性要素

人的生存离不开行动,行动构成了人的存在方式。哲学上的行动概念形成于人与世界的关系之中。行动本身具有客观实在性、自觉能动性和社会历史性,既不同于动物活动,也区别于人的主观意识活动,体现为人与他人、社会之间的物质性运动过程。基于人类活动的复杂性,行动因而获得了多样性阐释。为了更准确地认识行动的概念,我们需要探究行动与语言、行为、习性和实践等概念的异同。行动的持续开展促成了行动共同体的形成,这使得行动具有了政治意蕴。阿伦特认为,政治本质上就是一种行动,表现为在公共领域围绕公共事务展开的一系列言论和行为。

第一节　行动概念的溯源、辨析与行动的本质属性

行动是哲学中的一个重要概念，行动指向了行动者和世界之间的联系。对行动概念进行理论溯源，分析各派学者的多样性阐释内容，探究行动与行为、行动与习性、行动与实践等多对概念的异同，可以更准确地认识行动的本质。

一、行动概念的溯源

古希腊城邦给行动提供了广泛的空间，在这些开放的空间中，人们从事着严肃的政治事务：条件交换、流言、耳语及用来运作的晚宴接连不断——政治浪潮就这样一而再、再而三地冲刷着市集。① 这里的"市集"就是公共空间，即公共领域。古希腊的私人领域与公共领域是泾渭分明的，亚里士多德认为，人类自然是趋向于城邦生活的动物，人类在本性上也正是一个政治动物。

阿伦特沿着亚里士多德的路径提出"人是一种行动的存在"。阿伦特认为，"积极生活"（vita activa）包含三种根本性的人类活动：劳动（labor）、工作（work）和行动（action）。行动是人和人之间直接发生的群体性活动，是其中最重要的一种。行动是在和他人一起参与政治生活的过程中实现的，他

---

① 理查德·桑内特.肉体与石头——西方文明中的身体与城市[M].黄煜文，译.上海：上海译文出版社，2006：30.

人的在场保证了行动所构成的政治世界的真实性和现实性。在公共领域参与政治活动是人的本性，过一种行动的政治生活是人之为人的体现。在这个敞开的公共领域中，一个人最大限度地展现了自己的个性并且实现了自己最高的本质。就劳动、工作和行动的区别与联系而言，劳动是人面对自然时所保有的状态，工作体现了人与人之间的关系，两者都体现了物或他人对主体自身的有用性，而行动让人主动进入公共领域，行动者出现并且发生互动，公共领域得以最终形成。劳动和工作都可以在一个人的时候完成，而行动则依赖于人们的共同生活。阿伦特对"积极生活"的阐释，以层级递进的方式表明了行动对公共领域和政治活动的彰显。

马克思并没有对行动概念进行深入阐释，但是马克思主义实践理论为行动概念赋予了指向性和延展性。马克思在《1844年经济学哲学手稿》中表述资本主义雇佣劳动的概念时，提出了"异化劳动"的概念，具体表现为四个方面：劳动成果与劳动相异化、劳动本身与劳动者相异化、劳动者与他的类本质相异化、人与人的关系相异化。由于劳动无法和劳动者实现身心统一，因此劳动者迫切需要摆脱劳动的强制，甚至连生产出来的劳动产品都无法使劳动者有成就感。人与物关系的异化最终也就导致了人与自身、人与人的关系的异化。相较而言，行动则是在自身意愿的基础上，采取了一定的动作，实现了身心统一，体现出一定的社会意义。

对于思想政治教育学科来说，行动的外延主要指个人活动在政治生活方面的展开。人在日常生活中的各种活动不能称之为"行动"，行动最初的意义就在于积极参与公共领域的活动。只有界定好了行动这个概念，才能赋予其思想政治教育学科的内涵。

二、行动概念的辨析

行动与行为的区别：行动是人类特有的实践形式，具有意欲性。人类在主观意欲的驱动下,作出一定的行为选择,从而实现自身与外部世界的意义建构。相较而言,行为作为更宽泛的概念,既包含有意欲的行动,也涵盖无意欲的机械反应,并且其发生可能未必反映主体的真实意欲。例如,动物虽然也会表现出多种行为,但这些行为缺乏主观意欲,仅仅是条件反射或应激反应;人类自身也存在无意欲的行为(如打喷嚏),这类行为也不构成真正意义上的行动。[①] 同时,人类的某些行为可能并非源于内心的真实需求,因而这些行为也不属于行动的范畴。

行动与习性的区别:作为布迪厄提出的重要社会学概念,习性是指一种持久的、可转换的潜在行为倾向系统。[②] 人类基于生存环境、文化传统和历史经验等因素,将一定的认知转化为行为倾向,塑造了具有持久稳定性的社会实践反应模式。习性更侧重行为倾向性,表现为基于预设程序的自动化反应。相较而言,行动则具有较强的动态变化性,其内涵和外延并非固定不变,而是在人类社会交往过程中不断丰富和发展。

行动与实践的区别:在马克思主义哲学体系中,实践概念具有极其重要的地位,被界定为人类在自然和社会领域开展的自觉活动,是主观意识向客观现实的转化过程。相较而言,行动概念的适用范围相对有限,更强调社会关系中的人际互动。从某种意义上来说,行动可以视为实践概念在社会关系中的具体体现。

行动与劳动、工作的区别:劳动主要体现为人类对自然界的改造过程,而工作则主要发生在人类创造的社会环境之中。这两种活动更多是出于生存需要的被动行为,都未能充分体现人类的主观能动性。相较而言,行动则是人类积极改变生活、创造价值的重要方式。人类通过行动将主观意欲外

[①] 童世骏.大问题和小细节之间的"反思平衡"——从"行动"和"行为"的概念区分谈起[J].华东师范大学学报(哲学社会科学版),2005(4):16-23+30.
[②] 布迪厄.实践感[M].蒋梓骅,译.南京:译林出版社,2003:80.

化,促使客体从"自在之物"转化为"为我之物",从而赋予客体更多的价值。值得一提的是,在此过程中,必须充分考虑客体本身所具有的自然属性和社会属性。

三、行动的本质属性

杨国荣指出,作为兼具综合性和系统性的现实存在形态,行动具有特定的内在结构特征。这一内在结构特征既体现在从意欲到评价、从权衡到选择、从决策到实施等不同环节中,也表现在行动过程的各个层面及其动态发展过程中。同时,判断某一动作是否构成行动,往往取决于该动作是否呈现意义以及呈现何种意义。[①] 由此可见,行动具有意欲性、选择性(指向性)和现实性三种属性。

其一,行动具有意欲性。行动由人在群体中触发,因而具有二重性,既是个体性的行为,又是社会性的行为。动物的行为大多数基于本能,难以超越物种属性,缺乏行为前的计划以及行为后的反思。人的行动意在摆脱物种限制,行动指向自由,并随着行动的不断展开而进行反思。活动不是行动,例如心理学上无意识的活动以及受外力触发的身体部位移动,不具有意欲性,因而不是行动。行动的意欲性与行动者的知识背景和所处的境遇有关,表现为一种从欲望到形成动机再到行动的过程。欲望是否转化成功,和主体对于欲望的评价有关,理性主体总是会依据一定的价值原则来进行评价和反思。不过我们也要注意,即使是理性的主体,这里的价值原则也并不一定是理性的,可能夹杂当下的直觉反应。欲望具有私隐性和个体性的特点,私隐性即不为他者所知,个体性即不同主体面对同一境遇时会有不同的

---

① 杨国荣.行动:一种哲学的阐释[J].学术月刊,2010(12):21-31.

反应,这两点也影响了欲望向行动的转化。分析哲学通常认为,行动者形成了某种欲望,如果某种行为可以满足这一欲望,那么他就会去行动。欲望和信念构成了行动的理由,即想做某事并且可以做成某事,那么就会去做某事。不过,这里缺少了价值评价环节,当存在不同的意欲时,也会出现价值的衡量,另外社会中的行动还会有不同主体间意欲的冲突。通过复杂的过程,行动最终导向结果,引起外部的某种变化。行动体现了行动者的欲望,通过对于欲望的指向,达到某种结果。其二,行动具有选择性(指向性)。行动者的欲望总是具有一定的选择性、指向一定的对象。如果没有选择性(指向性),那么欲望则没有落脚点,进而无法转化为有效的行动。其三,行动具有现实性。行动是人与世界、与他人的连接,单纯的意念活动限制于人的头脑,对外部没有实质影响,不具有现实性,因而不是行动。比如古代有屠龙之术,尽管学习者努力学习了关于屠宰巨龙的各项技术要领,但是由于无法找到现实中的巨龙,不具有现实性,因此屠龙的欲望也不能转化为行动。

如前文所述,欲望要先形成动机,构成行动的目的,再转化为行动。在这个过程中,我们要关注行动的利益性。行为人对于自身欲望的渴望会促使其采取一定的行动,此时行为人往往不会对欲望进行反思评价,甚至还会用假想类推原则(比如"别人在这种情况下也会这么办")、最小容忍原则(比如"我就最后再做一次")等来进行辩解。我们在任何时候都不能低估人的动物性对于人的行动选择的巨大影响。我们还需要注意情感对于行动的渗透,此时的行动并不是理性人的行动,行动者有意向,对象有现实选择性,但行动者却是基于情感诉求,不涉及利益的考量,比如一见钟情、激情杀人等。

第二节　行动在激发观念外化中的作用

行动这一概念本质上指向人类政治交往领域,它不仅能够激发观念,使观念得以外化呈现,还蕴含着特定的政治意蕴。同时需要认识到,行动兼具外部性和内部性双重特征:就个体而言,既指向外部目标的实现,又涉及自身存在状态的改变。

一、行动与言说构成受教育者的存在方式

行动与言说通过紧密互动构成了人的存在方式。大多数的行动是以言说的方式进行的,在行动中伴随着言说,否则没有言说,行动就无法揭示。行动要通过言说进行展现,没有言说的参与,虽然行为本身可以从物理形态上得以观察,但唯有通过表达出来的话语,才能使人明白行动者做过什么、正在做什么、将要做什么。行动和言说构成了人类事务领域和人际关系网。凡是人们一起生活的地方,这个人际关系网就存在。言说彰显了行动者的独特性,和行动者的行动一起在这个关系网中发动了一个全新的过程,并对与其有接触的人产生很大影响。

从存在形态上来说,行动与言说密不可分。当然这里的言说并不是指普遍意义上的说话或者聊天,言说是人与人之间基于合作意向的思想交流,广义上说,言说也是行动的一种,即通过言说进行实际的行动。行动的过程中一般也要伴随着言说,两者相互交叠在一起。言说更加侧重于语言的交

流,行动则更加宽泛,可以是语言、肢体动作、微表情等。

语言是一个较为宏观的概念,在思想政治教育学科中,使用"言说"这个概念更具有学科的规范性和科学性。与语言类似,言说也有自身的内涵与外延。言说具有政治性意味。阿伦特认为,政治生活离不开言说,原因在于:一方面,言说具有交流的功能,在政治行动的时候,人们要通过言说来进行;另一方面,言说本身与行动关系密切,在合适的时候说合适的言辞,这就是行动。同时,言说发生在公共领域之中。在公共领域中,人与人之间发生联系、相互理解往往要诉诸言说,以发言、商讨、辩论等方式提出自己的见解,从而参与公共事务的决策。

二、行动促进观念在公共空间中的生成

马克思指出,人是双重存在着的,主观上作为他自身存在着,客观上又存在于他自身所生存的各种自然和社会条件之中。① 也就是说,一方面,人必然地存在于自然和社会条件之中,并受各种对象关系的制约——这是人的实然存在状态;另一方面,人又是为自身而存在的,能够根据自己的需要,通过实践去打破实然存在状态,实现自己的目的——这是人的应然存在状态。

行动把个体联结成一张关系网,主体的内在观念通过行动作用于现实世界。如前文所述,阿伦特把积极生活解释为劳动、工作和行动。阿伦特把行动提升到一个极高的高度,她认为行动是唯一不需要借助任何中介进行的人的活动,并强调不能忽视人类所具有的政治相关性的"复数性"。复数性指的不是单个的人,而是"人们"。它强调的是在人与人之间产生的一种

---

① 马克思,恩格斯.马克思恩格斯全集(第四十六卷)[M].北京:人民出版社,1979:491.

关联,并非孤立的个体,也不是抽象意义上的人的全体,而是具体的带有丰富个性的人们之间的联系。复数性是政治活动独特的条件,是人行动的境况,与公共领域的政治生活相契合。另外这种复数性还是动态的,人的境况的本质就是人们处于不断变化之中,新生者不断产生,环境不断变化,新生者必须要拥有转换适应的能力,人类事务进而才能在个体多样性中不断发展。

行动者不断开端启新,促进观念创生。创生是自由可能性的存在境况,标志着存在于人类生命与行动中的一种新开始,也标志着生命与行动展开的一种意外,体现了行动外部性和内部性的统一。同时,我们也要注意行动带来的三个缺陷,即行动过程的不可逆性、行动结果的不可预见性、行动者的不可知性,应该说行动因而具有了危险性。尽管有这些缺陷和危险性,但是阿伦特还是认为,行动应置于劳动和工作之上。在她看来,行动蕴含了政治自由的核心原则,人类事务领域由人类共同生活的人际关系网构成,尤其是在公共领域中,人们通过行动充分彰显自己作为个体的独特身份。

第三节 行动激发观念外化的内在机理

知识对受教育者开展行动发挥着至关重要的指导作用。观念存在于人的内心之中,通过受教育者的行动实现外化,并促进反思性知识的生成。要激发受教育者开展行动,首先需要考虑其利益诉求。受教育者通过互动交往不断彰显其个体价值,实现身份认同,最终形成共同体。

一、知识与行动的关系

主客体的统一是以主体为核心的统一,这种统一表现为客体被主体占有以及主体的需要得到满足。实现这种统一的方式就是实践。实践是人与自然、社会之间进行物质、能量和信息交换的过程,是主体与客体联系的纽带、主观与客观转化的桥梁、意识与存在统一的关键。一方面,观念通过实践超越了纯粹的主观性,获得了客观实在性;另一方面,客观存在也只有在实践过程中才能被主体认识和把握,并转化为相应的观念。正如高清海所言,实践必须是意识的能动性和对象的客观性的统一,缺少其中任何一个方面都不会有人的实践活动。[①] 观念与实践的这种内在联系,深刻揭示了实践的社会价值和意义,而行动则是实践在社会关系中的具体表现。

在思想政治教育中,为了更好地实现知行合一的目标,关键在于将知识转化为行动。这一过程大致可以分为以下几个阶段:首先是知识内化阶段,受教育者需要将知识与个人经验、价值观念等有机融合,形成自己的理解,构建个性化的认知体系;其次是情感激发阶段,受教育者可以通过情境模拟、角色扮演等体验式学习方式,充分激发自身的道德情感和社会责任感;再次是能力培养阶段,在知识内化和情感激发的基础上,受教育者需要重点发展批判性思维、问题解决能力和创新能力等;最后是行为固化阶段,受教育者需要通过在真实情境中的持续应用,将知识转化为一致的行动和稳定的品格。这四个阶段环环相扣,共同构成从知识到行动的完整闭环。

根据行为特征,行动可以划分为三类:基础性行动、规定性行动和创造性行动。基础性行动是维系个体生存与社会运转的基本行动,在思想政治

[①] 高清海.马克思主义哲学基础(上册)[M].北京:人民出版社,1985:183.

教育中主要表现为履行公民义务,如遵守社会秩序、维护公序良俗等,这类行动构成了社会成员的基本责任框架。规定性行动是基于组织规则要求的制度化行动,在思想政治教育中表现为遵守校规校纪、完成课业要求等,这类行动具有规范性和约束性特征,重在培养受教育者的规则意识。创造性行动是突破常规的能动性实践,强调受教育者主观能动性和创造性的发挥,以实现特定目标或创造新价值,在思想政治教育中表现为推动文化创新、参与社会改革等,这类行动不仅要求受教育者具备创新思维,更要求受教育者具备社会担当和开拓精神。

知识对受教育者开展行动发挥着至关重要的指导作用。在基础性行动方面,知识可以指导受教育者遵守社会秩序、维护公序良俗等。例如,通过学习交通法规,受教育者能够自觉遵守交通规则;通过学习环保知识,受教育者能够意识到保护环境的重要性,并采取减少环境污染的措施。在规定性行动方面,知识可以指导受教育者遵循组织的特定要求。例如,通过学习校规校纪,受教育者能够严格遵守学校的各项规章制度;通过学习专业技能知识,受教育者能够提升工作能力、提高工作效率。在创造性行动方面,知识可以指导受教育者充分发挥主观能动性和创造性,以更好地实现特定目标或创造新价值。例如,通过学习社会热点问题,受教育者能够了解社会需求与现存问题,进而尝试提出解决方案;通过学习创新思维方法,受教育者能够培养创新意识、提高创新能力,为社会进步贡献智慧与力量。

需要注意的是,如果知识仅停留在显性层面,那么将难以完全实现思想政治教育的目标。为此,在进行思想政治教育时,应将显性知识和隐性知识相结合,借助情感共鸣和道德体验来激发受教育者的道德情感和责任意识,进而培养其将知识转化为行动的能力。同时,应强调理论知识和实践应用相结合,注重培养受教育者的实践能力和创新精神。此外,还应关注受教育者的个体差异和情感需求,提供更加个性化、更具针对性的思想政治教育服务,以期实现使受教育者形成一致的行动和稳定的品格的目标。

二、受教育者的利益诉求是其行动的前提条件

行动以动机触发为前提,而动机总是受到特定价值原则的制约。在价值原则中,利益通常占据重要地位,而利益的本质往往反映了人与所处社会之间的关系。人作为社会性存在,其意识由现实生活所决定,因而无法脱离现实生活条件而采取行动。正如马克思所言,若缺乏变革所需的物质基础,即便变革理念被反复强调,对实际发展也毫无意义。因此,思想政治教育不能脱离利益空谈行动,必须关注受教育者的现实需求,尊重个体发展差异,引导其理性认识利益诉求。

需要注意的是,动机是激发和维持个体的行动,并使行动导向某一目标的心理倾向或内在驱动力。动机既非单纯的情感冲动,也非纯粹的理性考量。完整的动机应该包含内在欲望、情感倾向和理性判断三个部分,而利益诉求渗透其中。同时,动机还融合了个体情感特征、价值取向和社会认同感,兼具理性自觉与价值正当性。在实际生活中,个体的行动可能存在动机要素缺失的情况,例如仅凭欲望驱动的行为、情感冲动引发的即时反应或完全由信念主导的行动等。

三、受教育者的身份认同是其行动的最终目的

人与人之间通过言说和行动展开交往,并逐步实现身份认同。阿伦特指出,人们通过言说表明身份,通过行动开启新的可能,所有这些都会融入

既有的关系网络中,并在关系网络中显现其结果。① 动物虽然能通过气味、声音、肢体触碰和简单动作等方式交流情感和信息,但是其思维发展程度不足以形成公共空间,更无法构建共同体。

受教育者需要在共同体中通过行动来实现身份认同。据考证,共同体观念源于古希腊的共餐制。滕尼斯认为,共同体特指基于传统自然情感而紧密联系的交往有机体。共同体与社会相对,共同体体现了真实的、持久的共同生活,而社会仅体现了表面的、暂时的共同生活。② 人类命运共同体的核心要义在于构建自由人联合体,每个个体的命运都与其他个体息息相关。这种共同突破了地域限制,超越了血缘关系,不以语言、习俗、人种等特征划分界限,将全人类纳入其中,真正实现了自我与他者在精神层面的融合。桑德尔指出,共同体所描述的,不仅关乎公民拥有什么,而且关乎他们是什么以及他们的身份认同。③ 马克思强调,人的本质并非单个人所固有的抽象物,而是一切社会关系的总和。④ 只有在共同体中,个体才能真正获得全面的发展,才能实现真正的自由。马克思进一步指出,在未来的共产主义社会,每个人的自由发展是一切人自由发展的条件。⑤

---

① 阿伦特.人的条件[M].王世雄,胡泳浩,杨凌云,等译.上海:上海人民出版社,1999:185.
② 滕尼斯.共同体与社会:纯粹社会学的基本概念[M].林荣远,译.北京:商务印书馆,1999:54.
③ 桑德尔.自由主义与正义的局限[M].万俊人,唐文明,张之锋,等译.南京:译林出版社,2001:181-182.
④ 马克思,恩格斯.马克思恩格斯选集(第一卷)[M].北京:人民出版社,2012:135.
⑤ 马克思,恩格斯.马克思恩格斯文集(第二卷)[M].北京:人民出版社,2009:53.

第四章

品格：思想政治教育增进观念固化的根本性要素

品格是一种内在的性格品质，主要是基于个体认知、情感和行为三者的统一。古今中外的哲学家对于品格教育进行了深入探讨，而中华传统文化中也蕴藏了德性伦理基因，并且在中华民族社会文化心理结构中发挥了重要的影响力。品格养成的过程就是教育观念不断固化成型，最终形成个体稳定持久特质的过程。同时，受教育者必须经过品格塑造才能成为社会共同体中的成员，个体稳定持久的品格特质进一步促进了社会共同体的构建。

第四章 品格：思想政治教育增进观念固化的根本性要素

第一节 品格的概念、结构与传统

仅仅依靠知识还不足以实现个体的发展完善，中外哲学家都展开了对品格的探讨。尽管品格涉及的构成要素众多，但是个人品格主要是由道德认知、道德情感和道德行动构成。对于品格教育规律的研究有助于发现个体心理中积极健康的特征。西方道德哲学传统在现代经历了德性伦理学的复兴风潮，通过进一步挖掘中华传统文化中德性伦理的精神基因，我们能够找到两种伦理学传统的异同点，这也成为我们在品格教育中输入传统文化资源的理论基点。

一、品格的概念流变

从词源上看，"品格"（character）一词来源于古希腊语，最初的意思是指在硬币上刻下标记或印盖的封印等。布贝尔在《品格教育》中指出，品格是介于一个人的本质与他的外表之间的特殊纽带，是介于他为人的统一性与他的一连串行动与态度之间的特殊联系，这种特殊纽带与特殊联系都是在他这个实体还具有可塑性的时候烙印在他身上的。他认为，这种烙印是由自然和社会环境、家庭和街坊、语言和习俗、历史和新闻事件等一切事物所共同施加的。其中，有些因素激起了共鸣、模仿、愿望、努力，有些则引起疑问、怀疑、嫌恶、反感。品格就是由所有这些各种各样矛盾着的因素交织在一起所形成的。①

品格是人的第二天性,品格首先体现为人的品性中运转最卓越的部分。从词源学的角度来说,品格包含着特定的为人处世的标准和规范。《宋书》中提到:"及世祖即位,又铸孝建四铢。……而盗铸弥甚,百物踊贵,民人患苦之。乃立品格,薄小无轮郭者,悉加禁断。"这里的品格就是指钱币的规格。那么对于社会中的人,也需要设定一定的标准和规范并使人们遵守,久而久之,外在的标准和规范就逐渐内化为人的品格。

二、品格的结构特征

西方学者关于道德发展和品格形成的学术争论最早可追溯至苏格拉底、柏拉图、亚里士多德等人对美德的讨论。苏格拉底提出了"知识即美德"的著名命题,把知识和美德合一。柏拉图认为一个国家应该具有智慧、勇敢、节制、正义四种美德,智慧是统治者的主德性,勇敢是国家保卫者的主德性,节制是自由公民的主德性,正义是其他诸德性实现的最高境界。亚里士多德则较为全面地研究了德性问题,他认为,某物的德性不但要使该物状况良好,而且要给予该物优秀的功能。例如,眼睛的德性不但要使双目明亮,而且要让双目视力敏锐。② 亚里士多德总结了德性的定义,他指出,德性是一种决定着对情感和行为的选择的品质,它受到理性的约束。③ 亚里士多德将德性分为伦理德性和理智德性:伦理德性是在社会共同体中逐渐形成的惯例、风俗、规范等;理智德性来源于人们灵魂中优秀的理性思考品质,如

---

① 任钟印.世界教育名著通览[M].武汉:湖北教育出版社,1994:1315-1316.
② 亚里士多德.尼各马科伦理学[M].苗力田,译.北京:中国人民大学出版社,2003:32.
③ 亚里士多德.尼各马科伦理学[M].苗力田,译.北京:中国人民大学出版社,2003:34.

技术、科学、理智等。① 亚里士多德的德性理论对西方伦理学影响深远。

20世纪80年代以来,随着新品格教育运动的兴起,西方关于品格的研究与品格教育紧密相关,并且其研究成果主要集中在品格心理学和品格教育学两个方面。随着研究的深入,品格的定义逐渐由心理学意义上的特质论(把品格定义为道德特质或美德的集合,是人格在道德方面的表现),转向了整合论(以"三维论"为代表)。"三维论"从认知、情感、行为整合的角度对品格进行了分析,品格的内涵由此得到扩展并被运用到品格教育的理论与实践中。里克纳将品格定义为对善的认识、对善的欲求、对善的行为,即心理的习惯、心灵的习惯、行动的习惯。他认为,品格由道德认知、道德情感、道德行为这三个互相联系的部分组成,好的品格包括认知善、趋向善、作为善,并详细分析了构成良好品格的具体要素,如道德意识、道德推理、道德决断等。

从道德心理学的角度来看,品格主要是指人的个性心理中那些积极健康的特征,是道德认知、情感、动机、行为等多种道德心理成分在个体身上的稳定表现,是人格的道德维度,是道德教育要着力培养的一个重要方面。从教育学的角度来看,品格体现了个体依据一定的社会道德准则和规范行动时,对社会、对他人、对周围事物所表现出来的稳定的心理特征或倾向。品格源于道德认知,蕴含着道德情感,表现为道德行为。广义上的品格包括道德认知、道德情感和道德行为;狭义上的品格主要是指个人的道德品质和心理品质,包括道德情感、道德意志和道德信仰。

三、西方的品格德性伦理传统

德性在古希腊伦理学体系中是根本性的概念。德性最初被用来指武士

---

① 亚里士多德.尼各马科伦理学[M].苗力田,译.北京:中国人民大学出版社,2003:124.

的高贵行为,指人的道德方面与非道德方面的优良品质。例如在《荷马史诗》中,德性的意义几乎等同于勇敢,后来它也被用来指那些卓越的公民在城邦生活中表现出来的美德或品质,并逐步被用来指任何人、生命物或器物所拥有的突出优点。在广义上,亚里士多德也像那个时代的希腊人一样,把德性的概念用于所有生命物及其实现活动上,例如他曾谈及的眼睛的德性、马的德性等。伦理德性生成于活动之中。亚里士多德认为,公正应该是符合社会行动的本性和意图,它应该能表露奖励何种德性。正如最好的长笛应该提供给最佳长笛演奏者的理由是,这是长笛存在的目的,即被更好地演奏。任何一个真正的而不仅仅是名义上的城邦,必须致力于促进善的目的,要使社会成员过善良和公正的生活。政治的目的并不是满足大多数人的各种偏好,政治的目的应该是发展人们独特的人类能力和德性,使人们能够进行审慎判断,形成共同善,能够共享和共护共同体的自治,能够关心共同体的命运。共同体要奖赏公民的德性,幸福并不是纯粹的快乐,无论是肉体还是精神上的愉悦都不是幸福,幸福应该是人的一种存在方式,是一种德性和行动的统一。德性必须通过行动进行表达,立法者必须要在公民中培养良好德性的习惯,道德教育并不是教给行为人社会规范指南,而是要培养一种判断力,使行为人能够辨别具体环境的不同特征,寻找一种规则高于另一种规则的正当理由。罗尔斯认为,公正源于制度处理这些事实的方式,而不是要抹杀人的特殊地位和自然环境分配。分配公正与道德奖励无关,满足社会期待的道德要求并不必然和分配相关,这类道德品质也取决于社会环境。我们居住在一个恰好奖励我们特殊强项的社会,只是运气而已,并不是对德性的衡量。亚里士多德把公正作为适合人本性的善的选择,罗尔斯则认为道德主体并非由目的,而是由人的选择能力决定,公正应当中立于各种良善观念。

20世纪晚期,西方出现了一场声势浩大的新伦理学运动,它以反思西方传统伦理思想的目的出现,对以功利论、义务论和新契约论等思想为代表的规范伦理学进行了批评,力图恢复亚里士多德德性伦理传统,建构现代西方德性伦理学,并逐渐演化为一场德性伦理学复兴运动。德性伦理学与功利论、义务论成为伦理学主要的三个流派。赫斯特豪斯指出德性伦理学具有以下特征:(1)更多以"行为者"为中心,而不是以"行为"为中心;(2)更多关注"是什么",而不是"做什么";(3)更多追问"我应当成为怎样的人",而不是"我应该采取怎样的行动";(4)更多采用特定的"德性论"概念(如好、优秀、美德等),而不是"义务论"概念(如正确、义务、责任等);(5)拒绝承认伦理学可以凭借那些能够提供具体行为指南的规则和原则而法典化。①

西方美德理论在道德事实与人性之间建立了桥梁,一个行为的对错取决于一个品德高尚的人是否会如此行事,而这个人的行为也是符合社会中所推崇的道德价值的。美德理论追求的是如何过上美好的生活,而这需要行为人对人性、普遍欲望、情绪和理性思维能力进行平衡。如前文所述,在亚里士多德看来,德性的含义较广,往往泛指使事物成为完美事物的特性或规定。按照亚里士多德的美德理论,每一个主要美德就其典型表现而论都对应于某个特定的生活领域。例如,勇敢主要应用于与身体危险相关的领域,正义主要应用于与物质利益分配相关的领域,节制主要应用于与身体欲望相关的领域。我们也应该注意到德性之间的统一性和德性的度的衡量问题。有的人的内心中有熊熊燃烧的正义之火,但是碰到不公平不正义的事情时表现出了懦弱的性格,也就是有知而难行;有的人有羞耻心,但是没有分辨对错的智慧,也就是有德而无智;还有的人无法按照社会普遍标准来修正自己的认识标准,比如十分节制到了刻薄的地步。

---

① 赫斯特豪斯.美德伦理学[M].李义天,译.南京:译林出版社,2016:27.

四、中国的品格德性伦理传统

普遍认为,中华传统文化中蕴藏着强大的德性伦理基因。在西周时期,就有所谓"德"的概念,而且已包含现代汉语中"道德"的基本含义,我们可以在《诗经》和《尚书》中找到相关佐证。比如《诗经·大雅·烝民》中有:"天生烝民,有物有则。民之秉彝,好是懿德。"《尚书·康诰》中也有:"惟乃丕显考文王,克明德慎罚。"在这里,"德"虽然还没有和"道"连在一起使用,但是已经属于规则的一种,是和法律刑罚等相对应的规则。在春秋时期,虽然老子撰写了《道德经》,但是在大多数时候,"德"与"道"也是分开来讲的。"道"与"德"体现了两个层次,"道"生成万事万物,"德"养育万事万物,也就是《道德经》所谓"道生之,德畜之"。

中国古代哲学中的道德理论强调君子的内在修养。《论语·子罕》中记载:"知者不惑,仁者不忧,勇者不惧。"《礼记·中庸》进一步阐释为:"好学近乎知,力行近乎仁,知耻近乎勇。"《孟子·告子上》提出了"仁、义、礼、智"四德的源头,即恻隐之心、羞恶之心、恭敬之心、是非之心,也是人之为人的根据。之后,董仲舒、韩愈等人在此基础上构建了"仁、义、礼、智、信"的道德体系。

中国古代哲学家构建了较为完备的道德理论体系。儒家思想主张"己欲立而立人,己欲达而达人"和"己所不欲,勿施于人",这些观念深刻揭示了自我与他者利益的统一性,强调在完善自我的同时成就他人。那么,作为社会规范的"礼"和作为道德观念的"善"是如何得到普遍遵循的呢?孔子认为关键在于"仁者爱人",并将人的本性归因于血缘亲情。《论语·学而》中记载:"君子务本,本立而道生。孝弟也者,其为仁之本与?"此处的"仁"被赋予了生命情感本体的力量。中国古代从孝亲血缘关系出发,通过严格的等级秩序和礼乐制度的构建,最终形成了一套完整的社会道德运作体系。

中国古代哲学家对品性给予了高度重视。孟子认为:"故凡同类者,举相似也,何独至于人而疑之?圣人与我同类者。"这里孟子强调了环境和教育对品性形成的重要作用,同时也反映了孟子对人性本善的信念。他认为,圣人与普通人并没有本质的区别,只是因为他们所处的环境和教育不同,才显得与众不同。荀子主张:"凡性者,天之就也,不可学,不可事……不可学,不可事,而在人者,谓之性。"荀子进一步指出:"生之所以然者谓之性。"由此荀子提出了品性的先验论观点。董仲舒继而提出"性三品说",将人性划分为圣人之性、斗筲之性和中民之性,明确指出了人与人之间品性的差异。之后,宋明理学家对此进行了深入探讨。朱熹在阐释程颐"性即理也"和张载"气质之性"的基础上指出:"性者,人之所得于天之理也;生者,人之所得于天之气也。性,形而上者也;气,形而下者也。人物之生,莫不有是性,亦莫不有是气。然以气言之,则知觉运动,人与物若不异也;以理言之,则仁义礼智之禀,岂物之所得而全哉?此人之性所以无不善,而为万物之灵也。"与朱熹不同,陆九渊认为心与性本无区别,他认为:"且如情、性、心、才,都只是一般物事,言偶不同耳。"王守仁也主张:"若见得自性明白时,气即是性,性即是气,原无性气之可分也。"不过,无论是持"天性自然论"还是"品性理性论",品性在中国古代思想体系中都占据着极其重要的地位。

中国古代哲学家还十分重视道德素养,例如"四书"中的《中庸》和《孟子》都强调了"诚"的重要性。《中庸》写道:"诚者,天之道也;诚之者,人之道也。诚者,不勉而中,不思而得,从容中道,圣人也。诚之者,择善而固执之者也。"《孟子》记载:"是故诚者,天之道也;思诚者,人之道也。至诚而不动者,未之有也;不诚,未有能动者也。"

中国德性伦理传统在中华民族深层次社会文化心理结构中具有重要影

响。中国古代主流思想素来不重鬼神,对不可知者持"存而不论、敬而远之"的态度。通过比较中国神话与希腊神话、圣经传说可见,中国古代文化始终保持着关注现世与人本的传统,崇尚天人合一,积极肯定人生价值,倡导立德、立功、立言。正如孔子所言:"未知生,焉知死。"这是孔子对生死观的经典论述,强调现世生活的实践意义高于对死后世界的探讨。张载也强调:"存,吾顺事;没,吾宁也。"余英时先生曾精辟指出,中国人相信价值之源既内在于心,又外通于天地万物,因而反复强调"自省""自反""反求诸己"等修身理念。自我修养的最终目的是求取在人伦秩序与宇宙秩序中的和谐。这种修身理念不仅限于儒家,道家、佛家修行皆然。[①]

在当代社会,传统文化正面临着全球化和现代化的双重冲击与挑战。应对挑战的关键,既不在于简单地保留传统文化,也不在于盲目地创造新文化,而在于传统文化能否在全球化和现代化的背景下实现自我调适和创造性转化。陈寅恪先生曾说,窃疑中国自今日以后,即使能忠实输入北美或东欧之思想,其结局当亦等同于玄奘唯识之学。在吾国思想史上,既不能居最高之地位,且亦终归于歇绝者。其真能于思想上自成系统、有所创获者,必须一方面吸收输入外来之学说,一方面不忘本来民族之地位。[②] 中西方人生哲学在道德领域的相通之处正在于德性论。纵观中国思想史,从孔孟到宋明理学,虽各有侧重,但都强调个人修养。西方德性论基于两个要素,一个是高度自觉的行动者,另一个是具有集体意识的共同体主义,二者与中国文化传统中的核心理念存在一定契合。

[①] 余英时.中国思想传统的现代诠释[M].南京:江苏人民出版社,1995:36.
[②] 陈寅恪.金明馆丛稿二编:陈寅恪集[M].北京:生活·读书·新知三联书店,2001:284-285.

第二节 品格在增进观念固化中的作用

观念并不是在人脑中一开始就有的,外部知识进入人脑后会逐步稳定成型,形成个体基本的道德判断和行为选择。反过来,品格也会增进观念在人脑中的固化,这个过程主要是通过形塑个体自我同一性和建构社会伦理共识来发挥作用的。

一、品格具有形塑个体自我同一性的作用

个体品格的形成就是不断增进观念固化的过程。在增进观念固化的过程中,首先要区别品格、品德、品行这三个概念。品格是一种内在的特质;品德是品质德行,是一种有道德理想的理念;品行是品质行为,是一种外在的行为规范。传统观点普遍认为,品格是树根,品德是树干和树枝,品行是树叶、花朵和果子。品格是无人在场时的真我,品德体现了道德认知,品行体现了道德行为。如前文所述,狭义上的品格概念主要是指个人的道德品质和心理品质,包括道德情感、道德意志和道德信仰。我们可以通过对情感、意志和信仰概念的分析来展现观念在个体中的固化过程。

情感是一种特殊的认知,包含在广义认知的范畴之内,展现了人感性的方面。情感由主观体验、生理唤醒和外部表现三部分构成,可以分为自然情感和道德情感两类。情感对认知和意志有增强或减弱的重要影响作用。情感的唤醒源于对社会道德观念的遵从。张曦认为,情感因素(情感智能)是

人类道德能力的核心成分,甚至在人类行动者的规范塑造和规范遵循活动中具有首要性。①

意志是介入行动前的重要心理过程,包含在广义情感的范畴之内,但更多体现了理性的控制力。行为人从外界接受知识刺激,然后大脑在已有的认知框架下进行认知,同时人的心理结构即理性、情感、欲望等多种因素开始发生作用。在动机形成过程中,意志起到了决定性作用。它决定了从外界习得的知识是否要转化为行动,多次的相似境遇的同等处理模式会形塑一个人的品格。一个人具有的品格正是由道德认知、道德情感和道德行动构成。意志具有目的性,由于人的意志具有明确的目的性,因此它既能发动符合目的的某些行动,又能抑制不符合目的的某些行动。目的越高尚、越远大、越有社会价值,意志效应就越大。意志调节着人的情绪、情感,使认知活动更深入。意志对行动的调节作用表现在对行动的发动和抑制两个方面,它保证了人的行动的方向性,调节的最终结果表现为预定目的的实现。

感性情感和理性意志的结合最终实现了个体真正的信仰。这个时候的信仰就不会是迷信,也不会是狂信,更不是盲信。迷信是理性认知出现偏差,对错误的认知无条件相信,这在各类宗教活动中表现突出。狂信是情感冲破了理性的控制,对信仰对象疯狂迷恋,这在粉丝文化中表现突出。盲信是盲目相信、随大溜,可以表现为对信仰对象的强烈情感,也可以表现为感情淡漠,随时可以转换信仰的对象,但究其本质都是对信仰对象缺乏深入探究和认知。情感本身蕴含着判断,不完全基于生物本能。情感稳定后会逐步由三观的契合而产生信任,价值判断继续发挥了作用。人与人之间的信任会生发出对理念、制度和文化等的信仰,在这个过程中,价值判断发挥了基础性作用。关于使用"信仰"一词还是"信念"一词,刘建军指出,信仰、理想、信念、理想信念等是同一序列的概念,反映和概括的都是人类精神活动

---

① 张曦.道德能力与情感的首要性[J].哲学研究,2016(5):121-126.

和社会活动中同一个领域中的现象。在这一概念序列中,"信仰"应该是一个上位概念,它泛指人类一切信仰现象,概括了人类所有与理想、信念、追求等相联系的那一类现象。① 应该说,信仰展示了一个价值体系,比信念更加具有全面性、概括性和神圣性。当然在日常语境中,信念和信仰也是可以互换使用的,但是在作为思想政治教育的核心概念讨论时,使用"信仰"一词更为准确。

二、品格具有建构社会伦理共识的作用

社会共同体依靠社会伦理共识的达成而得以最终形成,社会伦理共识作为核心力量维持社会共同体的存续,而品格塑造则有助于建构社会伦理共识。社会共同体形成的基质要素就是宽容,在此基础上我们要熟悉所处社会的传统与习惯,理解文化历史在当代社会的沉淀,这样个体可以实现一种自治的状态。自治并不仅仅是发现自我内心的价值内核,而且可以促使自己不断反省审视,使自我与复杂的多元价值社会保持和谐共鸣,宛如在合唱团里找到了适合自己的声部位置,并不断把自己投射进去。

当然,自我的反思还有一个作用,就是为所在群体探索新的未知,毕竟每个时代都会有对美好生活和良性人格的不同定义,社会的前进依靠的正是群体对于习惯的突破。社会共同体也必然是开放的,需要我们对于共同体中个体的越轨行为予以宽容的审视。这尤其是发生在青年人之中,青年人充满变革一切、超越先辈的勇气和斗志,精力充沛,向往着一切的未知和可能,但同时可能对现存秩序有所挑战和破坏。自由主义政治学说强调对官方的批评和质疑,该学说认为,官方行为如果不能得到公共道德原则的背

---

① 刘建军.马克思主义学术视野中的信仰概念[J].教学与研究,2007(8):40-46.

书,违反了公民与政府之间的契约,那么就可能引发"公民不服从"。自由主义者寻求一种有原则地积极参与公共生活的方式,他们认为,有知识水平的公民本身就具有社会公共道德行动能力。德沃金提出了"善良违法"的概念,他指出,人应该有权按照自己良知的召唤行事。①

相较于德沃金的激进自由主义观点,罗尔斯则温和得多,他认为,在讨论公正和权利时,应当搁置个人道德宗教观念,独立于任何特殊的忠诚、情感或者良善生活观念,仅仅是以人的政治观念进行,应当把公民身份与道德宗教学说分开。确实,"公民不服从"从来不是一种喧闹和革命,而是一种起稳定作用的机制,用以防止对正义的背离,并在其发生时予以纠正。"公民不服从"不应该诉诸个人道德原则或者宗教信仰,"公民不服从"的基础也不能仅仅建立在群体或个人的利益之上。相反,应调用那种构成政治秩序基础的大众化正义观念。

我们在社会中都具有一定的身份,这些身份有出生时带来的,也有后天选择的,但都构成了我们生活中的角色面具。社会共同体会期待我们做出与身份相一致的行为表现,展现出一种团结与归属的荣誉感。滕尼斯认为,共同体在共同生活地域之外,还有一些更加深刻而持久的共同性,以至人们不但相互认识而且相互承认,共同体中每个成员都把共同的目标当作自己的目标,共同体不仅是一群人,而且是一个整体。

当然,个人在共同体中的家庭义务、国家情感、种族责任也会有发生冲突的时候。我们不禁要追问,个体是生活在社会中的个体,彼此之间总是存在着利益的纠葛,个体与个体之间、个体与群体之间的利益发生冲突时,何者的利益应该成为我们行动的目的?价值是靠行动获得并保存下来的东西,预设了标准和目的。人类之所以是高级智慧生物,是因为人类能够作出

---

① 德沃金.认真对待权利[M].信春鹰,吴玉章,译.北京:中国大百科全书出版社,1998:273-274.

价值判断。虽然在未来,AI智慧体可能在知识储备、推理运算、身体素质等方面碾压人类,但是如果没有价值判断,那么 AI 智慧体也只是升级版的机器人。桑德尔指出,公正不可避免具有判断性,正当分配事物和正确评价事物,关注福利和自由,增加经济收益和尊重人权,确认公民身份、牺牲和服务等方面,都需要人们做出价值判断。社会中人普遍认可的伦理共识凝聚构建了社会共同体,反过来公共领域继续培养内部成员的团结和荣誉感,这又成为公民社会所依赖的基础。

第三节 品格增进观念固化的内在机理

塑造品格的目的是培养符合社会共同体要求的社会成员,马克思经典著作中也深入探讨了共同体思想,共同体体现了成员的自我认同性和成员内部的稳定性。思想政治教育的目的就是通过个体品格的塑造,形成社会伦理共识,最终建构社会共同体。

一、个体品格凝聚成型的演化脉络

考察个体品格的塑造过程需要立足于认知心理学。在认知心理学中,"认知论"指考察认知活动的发生的相关理论学说,它包括对认识的来源、阶段、机制、方法等问题的探究;"知识论"则指对作为认识成果形态的知识的反思性学说,它包括对知识的本性、知识的标准、知识与其所指向的对象的关系等问题的讨论。总的来说,"认知论"侧重于从活动的角度来考察认识和知识的相关问题,而"知识论"则侧重于从认识的成果形态,即科学知识的方面来讨论认识和知识的相关问题。

认知,是指人们获得知识、应用知识的过程,这是人的最基本的心理过程。认知包括感觉、知觉、记忆、思维、想象和语言等。人脑接收外界输入的信息,经过人脑的加工处理,转换成内在的心理活动,进而支配人的行为,这个过程就是信息加工的过程,也是认知过程。知觉是各种感觉的结合,它来源于感觉,但已不同于感觉。感觉只反映事物的个别属性,知觉则认识了事物的整体;感觉是单一感觉器官活动的结果,知觉则是各种感觉协同作用的结果;感觉不依赖于个人的知识和经验,知觉则受个人知识和经验的影响。同一事物,不同的人对它的感觉可能是类似的,但对它的知觉就会有差别。一般来说,知识和经验越丰富的人,对事物的知觉越完善、越全面。

现代心理学普遍认为,认知是外界事物的刺激信号在大脑皮层相应区域所诱发的兴奋灶与周围其他神经组织(不含边缘系统和网状结构)之间所建立的神经联系之总和;情感是外界事物的刺激信号在大脑皮层相应区域所诱发的兴奋灶与边缘系统和网状结构之间所建立的神经联系之总和;意志是行为活动的刺激信号在大脑皮层相应区域所诱发的兴奋灶与边缘系统和网状结构之间所建立的神经联系之总和。研究认知、情感和意志的形成过程,必须要关注神经系统,尤其是边缘系统和网状结构,其活跃程度和脑电活动情况可以用一定科学技术手段进行探究。对于思想政治教育学科来说,教育是否产生效果,是否入脑和入心,可以用一些脑科学实验进行检测,这也应该成为思想政治教育学科新的知识增长方向。

个体品格的发展和塑造首先要关注人与人之间的关系。儿童心理学家观察到,儿童是通过观察和体验他人对待自己或者他人之间的行为方式来强化自己的认知的。在这一过程中,家长通常是最主要的影响因素。认知教育学者普遍认为,只有家长、学校和社会各方共同努力,品格教育才能取得实效。个人的品格为个人的选择提供了基准,我们都是从自身所在的位置出发,以自己所能见到的高度为前进方向。对于个体来说,就是调动各种自己所认可的价值观,来为自己的行动寻找理由。在一个治理良好的社会,社会成员应该具备反思能力,反思自己行动背后的深层逻辑,和社会普遍正义原则进行比对。

个体品格的发展和塑造还需要关注自我同一性。1963年,埃里克森基于精神分析理论和临床实践提出自我同一性理论,指出行为者是理性、情感、欲望等多种要素的复合体,会形成各自的自我同一性,并在个人自我定位、过去经验和将来期望之间达成统一,形成对身份、功能和关系的现实理解,同时对心灵、情绪和偏好进行塑造,用来应对自我所处的环境。拥有完善品格的个体对成员之间的利益点更加敏感,更容易察觉相互之间的共同性,更容易聚合。面对恐惧时,共同体更能提供安全感,更能促进成员的团结。那么个体品格是如何达到社会伦理共识这个阶段的呢?弗洛姆提出了社会无意识理论,他指出,每个社会凭借自己的生活实践和联系方式,凭借感情和知觉方式,都会发展出决定意识形态的一个体系或各种范畴。[1] 值得一提的是,在一个平等、自由、开放、动态的社会中,个体寻求自我价值时,可能和他人的价值目标发生冲突,这就需要学校教育、家庭教育和社会教育共同发挥作用。

二、品格拟制社会共同体的实现过程

共同体(community)最初是指共同的生活关系,包含了地域聚集性、时间连续性、关系亲密性和道德承诺性,后来发展成为一种具有共同利益诉求

---

[1] 埃里希·弗洛姆.在幻想锁链的彼岸——我所理解的马克思和弗洛伊德[M].张燕,译.长沙:湖南人民出版社,1986:115.

和伦理取向的群体生活方式。① 亚里士多德指出,所有城邦都是某种共同体,所有共同体都是为着某种共同的善而建立的,因为人的一切行为都是为着他们所认为的善。② 滕尼斯对共同体进行了更深层次的描述,他认为,血缘共同体作为行为的统一体发展为和分离为地缘共同体,地缘共同体直接表现为居住在一起,而地缘共同体又发展为精神共同体,作为在相同的方向上和相同的意向上的纯粹的相互作用和支配。地缘共同体可以被理解为动物的生活的相互关系,犹如精神共同体可以被理解为心灵的生活的相互关系一样。因此,精神共同体在同从前的各种共同体的结合中,可以被理解为真正的人的和最高形式的共同体。③ 马克思、恩格斯区分了虚假共同体和真实共同体,并进一步指出,只有在共同体中个人才能获得全面发展其才能的手段,只有在共同体中才可能有个人自由。在真正的共同体的条件下,各个人在自己的联合中并通过这种联合获得自己的自由。④ 基于大量历史资料,马克思将人类社会的生产形式划分为三种共同体形式:"人的依赖关系(起初完全是自然发生的),是最初的社会形式,在这种形式下,人的生产能力只是在狭小的范围内和孤立的地点上发展着。以物的依赖性为基础的人的独立性,是第二大形式,在这种形式下,才形成普遍的社会物质变换、全面的关系、多方面的需要以及全面的能力的体系。建立在个人全面发展和他们共同的、社会的生产能力成为从属于他们的社会财富这一基础上的自由个性,是第三个阶段。第二个阶段为第三个阶段创造条件。"⑤ 也是在三大社会形态基础上形成了三个共同体:前现代的自然共同体、以物的依赖性为

---

① 李义天.美德伦理学与道德多样性[M].北京:中央编译出版社,2012:158.
② 亚里士多德.政治学[M].颜一,秦典华,译.北京:中国人民大学出版社,2003:1.
③ 滕尼斯.共同体与社会:纯粹社会学的基本概念[M].林荣远,译.北京:商务印书馆,1999:65.
④ 马克思,恩格斯.马克思恩格斯选集(第一卷)[M].北京:人民出版社,2012:199.
⑤ 马克思,恩格斯.马克思恩格斯文集(第八卷)[M].北京:人民出版社,2009:52.

基础的人的独立性阶段的虚幻的共同体、未来的真正的共同体——自由人联合体。

个体品格拟制了共同体的文化价值,共同体同时又形塑了个体品格。共同体体现了成员的自我认同性和稳定性,共同体锚定在成员共同的文化上,文化是共同体的价值承载体。共同体本身是开放的,尽管成员具有一定的稳定性,但毫无疑问成员一直都在流动,货物产品、技术、信息甚至思想等都在共同体内流动。不过,共同体始终会有一个边界在那里,成为共同体成员自我认同的标志。很多时候这个标志与血缘和地缘无关,也与族群和国家无关,但是共同体的核心价值观和精神会不断发挥作用,这就是共同体的价值内核所在。马克思在研究市民社会的基础上,立足于国家和市民社会的关系,指出市民社会必将发展为自由人联合体的客观真理。自由人联合体意味着每个人的自由发展是一切人自由发展的条件,共同体体现了人们的共同利益关系。正如马克思所言,人的本质是一切社会关系的总和,而非单个人所固有的抽象物。人不能脱离共同体而存在,人正是在共同体中不断地把自己社会化,这种社会化通过共同体的政治活动、经济活动、社会活动和文化活动等显现出来,其中通过文化价值塑造个体品格是共同体最重要的一个社会化活动。

第 五 章

思想政治教育运作机制中的教育主体要素

通常而言,主体是在主导者、决定者和中心的意义上使用的,因而在思想政治教育领域,教育者和受教育者长期以来被视为"主体和客体"的关系。后来学界也逐步认识到,受教育者在接受教育的过程中也发挥了主观能动性,于是便把受教育者放到了"交互性主体"的地位上。[①] 本章主要是从思想政治教育宏观运行层面进行考察,展现国家、社会与个人的关系是如何影响受教育者认知的,因而本章所言之教育主体主要是指宏观意义上的教育者,也就是国家和社会中教育职能的承担者。本章将采用实证对比研究的方法,对教育主体要素中的学校和社会支撑体系进行重点考察。

---

① 董雅华.思想政治教育哲学问题研究[M].上海:复旦大学出版社,2019:185-192.

第一节　思想政治教育的教育主体类型

意识形态和知识相结合进入教育的渠道,最终体现为对公民价值观的教育。① 公民价值观认同是国家政治合法性的基础,只有实现了价值观认同,形成了一致的社会共识,才能有效地促进和实现社会融合。公民作为政治国家的主体,如何形成合适的自我,对现有的政治文化、政治制度和政治价值采取什么样的态度,事关社会稳定,这是实现公民价值观认同的意义所在。因此,实现公民价值观认同的过程就是通过对公民进行教化和影响,形成合适的公民身份,实现公民对政治文化、政治制度和政治价值的认同。在思想政治教育的宏观层面,教育主体大体上可以分为三种类型,即主要承担者、重要承载者和特殊中介者。

一、思想政治教育的主要承担者

从个体的角度来看,思想政治教育是培养政治公民,帮助公民形成正确的政治价值、政治态度和政治行为,使公民具有一定的政治参与热情和能力,从社会人变成合格公民的过程。从社会的角度来看,国家通过各种教育形式,将一定的社会主导价值传播给公民,实现公民对政治文化、政治制度

---

① 思想政治教育的目标是培育社会核心价值观,价值观教育和思想政治教育虽然存在使用语境的不同,但本质上具有一定的等同性,同时本章比较多地进行了中西方实证对比研究,所以有些地方使用了价值观教育的说法。

和政治价值的认同,培育公民的忠诚心和责任感,使公民符合一定的社会政治体系的要求,能够担任一定的政治角色,以实现社会的稳定。

家庭是社会的细胞,家庭思想政治教育主要是通过家长的思想素质和行为规范,培养其子女的政治品德。例如,日本家庭教育重在培养人与人之间的信任关系,同时要给予子女充分的爱,母亲作为家庭教育的主要承担者,对子女早期政治品德的形成起着关键作用。新加坡提倡"家庭为根"的价值观,重视传统文化和价值观的熏陶,家庭也被认为是政治教育的起点。

学校等教育机构也是思想政治教育的重要承担者。学校是传播文化的专门机构,是一个人走向社会之前接受教育和训练的重要场所。在学校,学生一方面通过专门的文化学习和系统的政治教育,形成对政治生活的初步认识,另一方面通过参加党团和各种社会活动,初步尝试社会政治实践。当代西方国家传统的理论教育模式正在被"道德推理""价值分析""社会行动"等代替,东方国家"以课堂为中心"的传统教育模式也正在被"以学生为中心"的形式代替。

政党作为现代国家中具有特定政治理念的社会团体,通常拥有明确的政治目标、意识形态,以及针对国家和社会问题的鲜明主张。政党可以通过各种路径对思想政治教育产生影响:政党可以通过学校课程教育进行政治灌输;政党可以通过制定教育法案和政策,推进思想政治教育改革;政党的首领或重要人物可以对思想政治教育进行柔性干预;等等。在西方国家,尽管政党表面上并不直接领导或管理价值观教育,但其对价值观教育的重视程度却在不断提升。以美国"新品格教育"运动为例,虽然该运动跨域不同执政党执政时期,但各阶段的执政党都通过颁布教育法案等方式对价值观教育予以支持。例如,在《不让一个孩子掉队法案》中,明确将"加强品格教育"作为教育目标,并提出了增加品格教育拨款等有力措施。此后,美国各州政府也相继制定了品格教育的相关方案,同时加大资金投入力度,有力推动了品格教育在全美的发展。

企业参与思想政治教育主要体现在确立企业核心价值和履行企业社会责任上。企业核心价值是为实现企业愿景而提炼出来,进而指导企业形成共同行为模式的文化精神层面的内容。企业核心价值外化为企业社会责任,体现社会核心价值观的内涵。通过企业核心价值的确立,企业在生产经营中实现对事物的价值判断和选择,从而做到企业核心价值的外化与执行,同时这也会影响消费者的价值判断,乃至给社会带来积极的辐射效应。从这一点上看,企业既是社会核心价值观的实践主体,又是构建主体。

民间组织日益成为思想政治教育的重要参与者。目前,世界上很多国家都存在各种民间组织,它们凭借自由、广泛的优势,能动、自觉地传播各自组织的核心思想,影响力日益提高。各个国家通过立法、分类或集中管理、免税或减税、政府扶持等手段,加强对民间组织的调控、引导和管理,促进民间组织的健康发展,引导民间组织发挥积极作用,使之成为社会核心价值观的倡导者和推动者。例如,红十字国际委员会遵循并倡导人道主义、公正、中立、独立、统一、普遍等价值原则,以中立者的身份,开展保护和救助战争和武装冲突受害者的人道主义活动,该组织的卓越贡献使其获得了极大的权威性和号召力。总的来说,以宗教团体和非政府组织等为代表的民间组织,在社会核心价值观的培育方面发挥着不可替代的作用。

二、思想政治教育的重要承载者

思想政治教育的重要承载者是由国家认可的教科书。对于绝大多数学生来说,教科书是其获取知识的重要来源,教科书使他们在日常生活中获得的零星的、分散的、无序的经验有序化和系统化,对学生的教育有举足轻重的作用。布尔迪约等人指出,教育权威是一种表现为以合法强加的权力形式实施的符号暴力的权力。① 选入教科书的知识总是反映社会主流意识形态的价值取向。下文笔者将对教科书的选择主体和内容的编写取向予以考察。

（一）教科书的选择主体——以美国和日本为例②

20世纪上半叶，美国课程决策者是州和学区教育领域的高级官员，如督学和课程总监，这些人通常是课程论专家。州教育法会规定学校要教授的科目，但这些规定通常比较笼统，督学和课程总监会为学校确定这些科目所包括的具体主题。除州教育法所规定的科目以外，督学和课程总监在征得校董会的同意后还可以确定要教授的补充科目。由此可见，在这个时候，美国课程决策的权力主要在地方。到了20世纪下半叶，美国课程决策的权力逐渐走向集中。20世纪50年代至60年代的课程改革运动在联邦政府的强力资助和法律保障之下进行，这次课程改革运动所推出的学术中心课程以学科专家、教育学家、心理学家为主体进行开发，而地方和学校教师并未实质性地参与这场改革，他们不过是专家开发出的课程的实施者。自此以后，联邦政府经常通过提供巨额资助和制定政策法规的形式干预课程开发与改革。20世纪80年代，美国出台了许多国家课程改革计划，这些计划大都是在政府资助下由一些著名的委员会所推出的，因而带有直接的、强烈的政治色彩。这些计划提出了各种各样的关于初等和中等教育改革的方向和原则，但很少有实施这些建议的具体方法。因此，20世纪下半叶之后，美国课程决策的权力逐渐走向中央集权化。

---

① 布尔迪约,帕斯隆.再生产:一种教育系统理论的要点[M].邢克超,译.北京:商务印书馆,2002:21.
② 这部分实证内容可以参见钟启泉,张华.世界课程改革趋势研究:学科课程改革研究(下卷)[M].北京:北京师范大学出版社,2001:1196-1198.

20世纪上半叶,日本的课程行政体制是高度集权化的。义务教育阶段的教科书由当时的文部省组织编写;非义务教育阶段的教科书由高等师范学校的学者负责编写,但须经文部省严格审查。二战后,日本的课程行政体制发生了重大变革,不过课程决策权主要还是在中央。具体来说,先由文部省制定中小学课程标准和教科书审查标准,然后各教科书出版社根据课程标准编写教科书,最后由文部省对教科书进行审查,审查合格后由各中小学自由选择。

美国和日本作为地方自治权力比较大的代表性国家,依然想把编写教科书等一系列课程决策权控制在中央,这其实也是世界上大多数国家的选择。尽管在教科书编写过程中,中央政府会邀请教育专家、教师、学生和家长参与其中,但中央政府总是试图通过提供经济资助、制定政策法规等方式成为教科书编写过程中的主导者。这在历史、政治等体现社会主流意识形态和价值观教育的教科书编写中尤其明显。

(二) 教科书内容的编写取向——以日本和中国的历史教科书为例

就南京大屠杀这一惨绝人寰的历史事件而言,日本2001年版中学历史教科书在"日中战争"一节的正文中用括号的形式写道:"那时,日本军队导致民众中也出现了很多死伤者,这就是南京事件。"将惨绝人寰的南京大屠杀以"南京事件"的说法一笔带过,正文后又以稍小字体介绍:"关于事件的实际情况,资料上被发现有很多疑点,存在各种见解,现在仍在争论。"日本2005年版历史教科书送审本将前文提及的括号中的那句话删除,只是在一张名为"因巷战而遭到破坏的上海市区"的照片上用小字注解的形式重复了括号中的那句话。也就是说,日本2005年版历史教科书送审本进一步否认了南京大屠杀的真实性,而且几乎不会使读者注意到南京大屠杀这个问题。①

同样关于南京大屠杀,由中华人民共和国教育部组织编写的《义务教育教科书中国历史 八年级 上册》的正文是这样描述的:"1937年12月13日,日军攻陷南京。国民政府迁往重庆,把重庆作为战时的陪都。日本侵略者所到之处,烧杀淫掠,无恶不作。日军占领南京后,对南京人民进行了血腥大屠杀,犯下了滔天罪行。南京的和平居民,有的被当作练习射击的靶子,有的被当作练习刺杀的对象,有的被活埋。据战后中国南京审判日本战犯军事法庭查证,日军占领南京后,屠杀手无寸铁的中国居民和放下武器的士兵达30万人以上。"在讲述南京大屠杀这一历史事件的正文旁边,配有相关历史照片和说明。

根据以上事例可以看出,经官方认定的教科书关于同一个历史事件却进行了截然不同的叙述。日本教科书否认、歪曲历史事实,掩盖南京大屠杀的历史真相,妄图通过"虚假事实"来教育日本青年人。教科书是社会主流意识形态的重要承载者,在有充分历史证据的情况下行欲盖弥彰之事,其背后体现了统治阶级对教科书内容编写取向的控制。

三、思想政治教育的特殊中介者

前文论述了思想政治教育的主要承担者和重要承载者,除此之外,我们还需要关注思想政治教育的特殊中介者——知识分子。知识分子总是表现为超越自己的身份、职业,运用自己的知识与思想,关注自己所在群体的公共事务问题并谋求解决之道。

---

① 郝明君.课程中的知识与权力[M].重庆:重庆大学出版社,2009:81-82.

学界普遍认为"知识分子"的说法来源于法国的德雷福斯案件。青年犹太军官德雷福斯遭到了错误的审判,但政府基于自身名誉的考虑拒绝对案件重新审理。作家左拉以《我控诉!》为题给总统写了一封公开信,呼吁重审此案,纠正错误。这封公开信在《曙光报》上刊出,主编用"知识分子宣言"几个字来形容它。在这个案件后的一段时间里,人们把知识分子理解为主张为德雷福斯平反的作家、教授和新闻记者们。萨义德认为,近代知识分子研究的源头可以追溯到葛兰西和班达。葛兰西把知识分子分为传统知识分子和有机知识分子两大类,其中有机知识分子是现代知识分子,他们主动参与社会,是都市生活的创造者,并且不像传统知识分子那样与权力机构紧密关联。班达指称的知识分子仅仅是一小群才智和道德水平高超的哲学王。萨义德比较赞同葛兰西的观点,同时他认为,知识分子的任务是增进人类的自由和知识,因而需要关注尽可能广泛的公共事务。正如萨义德所言,知识分子作为代表性的人物,在公开场合代表某种立场,不畏各种艰难险阻向他的公众作清楚有力的表述。[①] 福柯着重阐述了"特定知识分子"的概念来反对以萨特为代表的"普遍知识分子"的主张。福柯认为,"特定知识分子"不是普世的先知,而总是受制于其局限性,并且与特殊知识领域密切相关。[②] 福柯还阐释了知识分子与知识、权力的关系,他认为知识和权力是交织在一起的,知识分子介入社会的目的是推翻具有支配地位的话语规则并开创新的知识。

以上是关于知识分子相关研究的概述,对于思想政治教育学来说,我们要重点探究知识分子在思想政治教育过程中的角色定位。其一,知识分子并不是生产知识的主体。知识分子是通过教育和知识背景联系在一起的一个群体。尽管知识分子通过发声甚至行动对公共事件进行一定程度的干

---

① 萨义德.知识分子论[M].单德兴,译.北京:生活·读书·新知三联书店,2002:17.
② 勒薇尔.福柯思想辞典[M].潘培庆,译.重庆:重庆大学出版社,2015:88-90.

预,无形中促进了知识的增量,对受教育者的思想和行为也可能产生一定的影响,但知识分子并不是生产知识的主体,或者说知识分子并不承担生产知识的职责。思想政治教育知识的直接生产者是学校思政课程的相关教师。其二,需要区分教师和知识分子的异同。教师和知识分子通过教育的纽带联系在一起,许多知识分子的职业就是教师,但是教师和知识分子之间存在着一定的身份差异。教师身份更侧重专业性,是专业知识和技能的传授者,而知识分子身份更侧重公共性,知识分子可能会在非自身专业领域的公共事件中表达立场;教师通常依赖体制而生存,而知识分子本质上具有非附属性。其三,需要关注知识分子的分化。并不是每个受过高等教育、有渊博学识的人都可以被称为知识分子,公共性是知识分子的重要特征。知识分子基于知识背景、自身利益等因素和社会的各个阶级相勾连,进而获取象征性的文化权力,实现其公共性。在这个勾连过程中,知识分子之间可能产生分化,有时候甚至表现为激烈的冲突。在思想政治教育过程中我们也会发现,知识分子对于主流价值观可能出现建构和解构并存的现象。

知识分子的公共性使其天生与大众媒体关系紧密,尤其是在互联网时代,知识分子可以借助便捷的通讯工具,扩大发声渠道,加大对目标群体的宣讲力度。不过,蓬勃发展的大众媒体,尤其是新媒体也给知识分子群体带来了不小的冲击和挑战。在互联网时代,知识具有开放性,人们获取知识高效、便捷。掌握知识不再是知识分子的特权,普通人也可以随时掌握经济、政治、卫生、环境等和公共事务相关的知识。同时,互联网的快速发展使人与人之间的交流畅通、便利,知识在人们的互相交流中不断快速更新。普通人也不断参与到知识的习得和应用当中,知识分子对普通人来说所具有的专业性和权威性可能会发生一定程度的弱化,知识分子如果直接借助专家光环发声也有可能被消解为"砖家"。

第二节 学校是思想政治教育的主要阵地

思想政治教育的主要阵地在学校,本节主要分析学校思想政治教育课程知识的价值遵循、确定和转化。学校思想政治教育课程知识是社会主流意识形态和价值观念的体现,它实际上是一种被官方认定的知识。同时,除了要关注思想政治教育课程知识的确定过程,还要关注其在实际教学过程中的转化和主体参与情况。

一、学校思想政治教育课程知识的价值遵循

学校思想政治教育课程知识的价值遵循是国家的主流意识形态。本书将在下文中对中华人民共和国成立以来育人理念的发展与变化进行概述和分析。1958年,《中共中央 国务院关于教育工作的指示》指出:"党的教育工作方针,是教育为无产阶级政治服务。"1981年,《关于建国以来党的若干历史问题的决议》指出:"要加强和改善思想政治工作,用马克思主义世界观和共产主义道德教育人民和青年。"1985年,《中共中央关于教育体制改革的决定》指出,教育所要培养的各类人才"都应该有理想、有道德、有文化、有纪律,热爱社会主义祖国和社会主义事业,具有为国家富强和人民富裕而艰苦奋斗的献身精神"。在此基础上,1986年《中华人民共和国义务教育法》第三条规定:"义务教育必须贯彻国家的教育方针,努力提高教育质量,使儿童、少年在品德、智力、体质等方面全面发展,为提高全民族的素质,培养有

理想、有道德、有文化、有纪律的社会主义建设人才奠定基础。"1995年,《中华人民共和国教育法》第五条规定:"教育必须为社会主义现代化建设服务、为人民服务,必须与生产劳动和社会实践相结合,培养德智体美劳全面发展的社会主义建设者和接班人。"1999年,《中共中央 国务院关于深化教育改革全面推进素质教育的决定》指出:"实施素质教育,就是全面贯彻党的教育方针,以提高国民素质为根本宗旨,以培养学生的创新精神和实践能力为重点。"2010年,《国家中长期教育改革和发展规划纲要(2010—2020年)》指出:"坚持以人为本、全面实施素质教育是教育改革发展的战略主题,是贯彻党的教育方针的时代要求,其核心是解决好培养什么人、怎样培养人的重大问题,重点是面向全体学生、促进学生全面发展,着力提高学生服务国家服务人民的社会责任感、勇于探索的创新精神和善于解决问题的实践能力。"2017年,《国家教育事业发展"十三五"规划》指出:"把立德树人作为教育的根本任务,培养德智体美全面发展的社会主义建设者和接班人。要遵循教书育人规律、遵循学生成长规律,以学生为主体,以教师为主导,创新育人模式,培育和践行社会主义核心价值观,不断提高学生思想水平、政治觉悟、道德品质、文化素养,让学生成为德才兼备、全面发展的人才。"

党和国家在不同时期会结合当时的实际情况提出相应的育人目标,并通过相关政策和法律法规贯彻执行。从个体的角度来说,思想政治教育是培养政治公民,帮助其形成正确的政治态度,使公民具有一定的政治参与热情和能力,从社会人变成合格公民的过程。从社会的角度来说,国家通过思想政治教育,将社会主流意识形态和价值观念传播给公民,促进公民对政治制度和政治价值的认同,培育公民的忠诚心和责任感,使其符合一定政治体制的要求,能够担任一定的政治角色,进而实现社会的稳定。国家的育人理念是否在课程知识中得到明确一致的贯彻执行,将是评价课程知识效果的重要因素。

二、学校思想政治教育课程知识的确定

学校课程是社会主流阶级的价值观念和意识形态的体现,官方所认定的知识借助学校课程表现出权威性、制约性。阿普尔认为,课程知识是法定知识,它代表的是统治集团的利益。关于课程知识的研究应该是意识形态的研究,也就是要审视在特定的历史时期和制度下,占统治地位的阶级把什么视为合法的知识。

泰勒提出的课程理论在西方学界有比较大的影响力,他的主要观点集中在《课程与教学的基本原理》一书中。在该书中,泰勒提出了著名的"泰勒原理"。"泰勒原理"主要围绕四个基本问题展开:(1)学校应该实现哪些教育目标?(2)提供哪些教育经验才能实现这些目标?(3)怎样才能有效地组织这些教育经验?(4)如何评价学习经验的效果?这四个基本问题可以对应课程编制过程中的四个步骤:(1)确定目标;(2)进行设计;(3)组织排序;(4)评价结果。在这几个步骤中,目标的确定是最为关键的。"泰勒原理"直到今天仍有积极的启示作用。

20世纪70年代之后,越来越多的学者开始关注课程知识和权力之间的关系。其中有些研究批判了国家对课程的控制,指出教育完全成为社会再生产的手段。之后,在知识社会学的指引和推动下,教育社会学理论流派诞生。教育社会学主要关注教育的内容(即课程知识),并对其合理性进行评判。教育社会学注意到权力和意识形态在教育中的介入和渗透,批判国家对课程知识的控制和垄断,提醒受教育者在接受教育的过程中要有一定的主体性意识。但是,教育社会学忽视了知识的本质属性,因而对于教育内容和教育过程的批判过于严厉,并且不具有建构性。如前文所述,知识可以分为个体知识和社会知识两类。社会知识具有根据社会要求规范个体行为

的功能,个体只有按照社会要求构建和完善个人的知识体系,逐步实现自我知识体系构建的社会化,才能成为社会所需要的人。同时,课程知识编制的过程就是把个体知识转化为社会知识的过程。教育者把知识传达给受教育者,使之成为受教育者的个体知识,随后受教育者在与他人交往中实现个体知识的社会化和普遍性。

课程知识的确定一般要经历以下环节:首先权力机构确立教育目标并制定教育政策,接着相关部门把宏观的教育政策转化为具体的课程标准,然后依据课程标准编写教科书,最后再由权力机构审定教科书。在进行课程知识编制时,教育学和多种专业学科的专家都会参与其中,有时候一线教育工作者甚至学生和家长也会参与进来。不过,在教育目标的确定和教科书的最终审定阶段,权力机构拥有最高权威性。权力机构通过制定教纲、确定课程标准、精心挑选教科书编写者、严格审定教科书等方式介入课程知识的确定过程中。

三、学校思想政治教育课程知识的转化

课程知识确定后,需要进一步考察课程知识的实践过程。课程知识的实践过程主要是指课程知识的转化,也就是说,课程知识是如何转化为课堂知识的,之后又是如何成为受教育者的个体知识的。英国教育社会学家艾格莱斯顿曾对此进行研究,他指出课程与控制问题分为两个层面,一是"社会对课程的控制"(curriculum control),二是"通过课程而实现的控制"(the control through the curriculum)。"社会对课程的控制"成功的标志是符合社会主流价值取向的课程最终编制成形;"通过课程而实现的控制"成功的标志则是课程知识最终被学生内化成为其文化结构的有机成分。前者就是前文提及的课程知识的确定过程,后者则是课程知识向课堂知识的转化,也

就是课程知识在课堂中的再生产。

美国教育学家古德莱德曾对课程知识向课堂知识的转化进行了较为详细的研究。他指出课程知识向课堂知识转化的五个层级：(1)理想的课程(ideal curriculum)，指由一些研究机构、学术团体和课程专家提出应该开设的课程。这种课程的影响取决于是否被官方采纳。(2)正式的课程(formal curriculum)，指由相关部门制定的课程计划、课程标准和教科书等，也就是列入学校教学内容的课程。(3)领悟的课程(perceived curriculum)，指教师所领会的课程。由于不同教师对正式的课程会有不同理解和解释的方式，因而教师对课程实际上是什么或应该是什么的领会，与正式的课程之间会有一定的距离，从而减弱正式的课程的某些预期的影响。(4)运作的课程(operational curriculum)，指在课堂上实际实施的课程。观察和研究表明，教师领会的课程与他们实际实施的课程之间也会有一定的差距，这是因为教师要根据学生的反应随时进行调整。(5)经验的课程(experiential curriculum)，指学生实际体验到的课程。每个学生对事物都有自己特定的理解，不同的学生听同一门课会有不同的体验。对思想政治教育学科来说更是如此，仅仅关注学生是否掌握知识点、能否按照课堂教授的内容完成考试是远远不够的。根据前文提及的课程知识向课堂知识转化的五个层级，针对思想政治教育学科来说，我们要考察：(1)思想政治教育课程的标准是否以官方主流意识形态为指导思想；(2)正式的课程的设置是否遵照标准；(3)教师领悟的课程内容与正式的课程内容之间是否存在偏差；(4)课堂实际听课反馈与教学要求之间是否存在差距；(5)学生在现实生活中是否按照课堂所教授的内容为人处世。

除了要关注课程知识向课堂知识的转化情况，还要关注课程知识教学过程中的主体参与情况。20世纪50年代至60年代美国的课程改革运动就说明了这一点。当时美国在结构课程理论的指导下编制了大量新课程，试图解决教育中的一些问题。尽管当时这些课程在教育理论界被普遍看好,但结果是大多数课程并没有被教师采用或者在采用时完全走样。这说明教师在课程实践中会产生极其重要的影响,如果不处理好教师与课程之间的关系,那么课程改革可能就会失败。由此可见,教师是课程知识实践过程中的重要媒介,学生主要是通过自己和教师的互动建构认知。对课程知识教学过程中的主体参与情况进行评估,要基于教育者、受教育者、教学内容三个维度,并从教学目标达成度、教学环节清晰度、教学过程开放度、学生学习参与度和教学资源生成度等五个方面进行更进一步的细化考量。①

第三节 思想政治教育的社会支撑体系②

思想政治教育体系不是一个仅仅在学校教育体系内自运转、自循环的封闭系统,而是一个需要依托各种社会条件因素的介入才可能得以实现的开放系统。政治体制、政党、法律、政策、社会组织等是思想政治教育体系的重要支撑力量。其中,不同政治体制下的思想政治教育管理和组织模式既有区别又有共性,各国政党通过法律、政策和学校教育等多元路径对思想政治教育发挥领导和控制作用,各国的法律和政策对思想政治教育具有刚性的支撑作用,各类社会组织也会对思想政治教育产生一定影响。

---

① 黄忠敬.评价一堂好课的"五维度"[J].中国教育学刊,2011(10):57-59.
② 本节内容曾发表于董雅华等.建构与借鉴:国外价值观教育的体系化运行研究[M].北京:光明日报出版社,2023:42-49.

一、政治体制对思想政治教育的决定作用

政治体制是决定思想政治教育管理和组织模式的主要因素。根据国家权力运作的集中程度,政治体制大致可以分为集权型和分权型两类。在这两种政治体制下,思想政治教育管理和组织模式也会有所不同。

(一) 集权型体制下国家对思想政治教育的干预相对较强

在集权型体制下,中央政府统一管理全国范围内的教育,包括教育目标和内容的设定、教育载体(如教科书)的审定、教育活动的组织等。

在公民教育方面,日本采用国家全面干预的办法,由中央政府统一管理。通过这种管理模式,国家可以从整体上把控学校、家庭和社会教育中的消极因素,促进公民教育一体化和社会价值观的统一,培养忠诚于国家和民族的人才。

新加坡政府对公民道德和价值观教育以及精神文明建设实行统一领导、全面干预。在新加坡,几乎所有的学生都就读于国立学校,并且学校都要遵守教育部的指导方针和规定。教育部通过制定课程、编写教科书、管理国家考试、资助学校等手段来保持对教育的管控。教育部是确定课程内容的主要决策者,虽然官方会邀请专家和一线教师等为课程开发提供咨询和智力支持,但专家和教师在其中产生的影响有限。

在法国,对教育管理控制的权力也集中在中央。中央设立教育部,对地方实行垂直领导,中央统一管理全国教育,统一制定教育政策、确定教学目标和内容等。[①] 因此,法国中央政府对公民道德和价值观教育进行统一管

[①] 赵明玉.法国公民教育述评[J].外国教育研究,2004(6):11-14.

理的特征也是非常明显的。

（二）分权型体制下国家对思想政治教育的管理相对松散

在分权型体制下，中央政府对教育进行间接管理、指导协调，地方政府通常有较大的教育管理自主权。

美国主要实行地方分权，联邦政府历来对教育干预不多。不过，20世纪中后期，美国开始出现由国家统一规划教育的趋势。1979年，美国成立了联邦教育部。1983年，美国高质量教育委员会发表《国家处于危机之中：教育改革势在必行》的报告，在教育管理方面中央集权的倾向开始显现。之后，美国国会加大了对教育问题的审查力度，联邦教育部提出学校教育改革的指导性建议，并规定了教科书基本标准等。[①]

在英国，教育由教育和科学部、地方教育行政部门共同管理。教育和科学部不进行直接管理，主要通过财政拨款、教学视导等方式施加影响；地方教育行政部门具体管理所辖学校。起先，英国学校课程和教材可以由校长确定，1988年实行教育改革后，英国开始实施全国统一课程。[②] 1998年，英国发布了关于公民教育的《科瑞克报告》，之后在2002年，英国将公民教育列为中学法定学习科目。

德国地方各州在教育上有自主权，不过在公民教育方面形成了一些共同的传统。对纳粹主义的反思是形成公民教育共同传统的驱动因素，其基础是民主教育，目的是创造一个新的社会，抵制所有类型的极权主义。德国联邦政治教育中心是负责提供德国宪法规定的公民教育的主要公共机构。其所提供的广泛的教育活动旨在使人们能够对政治和社会问题进行批判性

---

① 孔锴.浅谈20世纪80年代以来的美国基础教育课程改革[J].外国教育研究,2006(2):46-51.
② 白彦茹.论英国中小学课程改革与发展[J].外国教育研究,2004(3):18-21.

思考,并积极参与政治生活。这一做法的必要性在于:考虑到德国在历史上经历过各种形式的独裁统治,国家肩负着将民主、多元和宽容等价值观牢牢扎根于人民心中的重任。

(三) 不同政治体制下思想政治教育的共性

在不同政治体制下,各国对思想政治教育的管理和组织模式虽然存在差异,但也存在共性,即国家关于思想政治教育的基本目标和要求是大致相同的。从个体的角度来看,国家的思想政治教育目标是引导个体完成政治社会化过程,培养公民形成一定的政治态度和政治行为,成为合格公民。从社会的角度来看,国家通过思想政治教育,将社会主流价值观传递给公民,培养公民的政治认同、政治忠诚和政治责任感,使其能够胜任一定的政治角色,以实现政治价值的传承和社会的稳定。因此,各国都有统一意识形态和价值观念的理论依据和现实需要,也会从各自的社会特点出发,集聚各种社会资源,调动各方社会力量,运用各种行政手段来加强思想政治教育。

二、政党对思想政治教育的领导作用

马克思主义认为,政党本质上是特定阶级利益的集中代表者,是特定阶级政治力量中的领导力量,是由各阶级的政治中坚分子为了夺取或巩固国家政治权力而组成的政治组织。[①] 在现代国家中,政党通常有着特定的政治理念、政治目标和意识形态,政党建构价值观念和意识形态的重要体现就是要营造和传播社会共同的价值观。

虽然国外政党是相对独立、分离的政治组织,政党与社会其他组织(如

[①] 王浦劬.政治学基础[M].北京:北京大学出版社,2005:194.

学校、企业等）也基本不存在组织意义上的隶属、支配关系，同时政党并不一定直接领导或者管理思想政治教育，但是政党的成员广泛分布在各个政府部门和社会组织中，因而政党可以通过各种路径对思想政治教育产生影响，其对思想政治教育的干预程度有增无减。

其一，政党通过学校课程教育进行政治灌输。阿普尔指出，课程本身就是主流阶级的权力意志、价值观念和意识形态的体现和象征，课程知识实际上是一种"官方知识"，是一种法定文化，其背后必然隐藏着某些价值观念或意识形态的控制。① 最能够体现主流阶级权力意志、价值观念和意识形态的往往是各国政党，尤其是执政党。执政党的权力意志、价值观念和意识形态必然贯穿于国家开展思想政治教育的过程之中，有时虽然未必设置思想政治教育的专门课程，但都会在公民课程、德育课程、社会课程中予以体现。

其二，政党通过制定教育法案和政策，推进思想政治教育改革。比如美国的"新品格教育"运动，不论是共和党还是民主党执政，执政党都通过教育法案等方式对该运动予以支持。共和党总统布什提出的《不让一个孩子掉队法案》明确规定，要增加用于品德教育的拨款，用于培训教师和增加品德教育方面的课程与活动，并给出了具体指导方案。② 随后美国各州政府纷纷制定品格教育的方案并加大了相关投入，推动了品格教育在美国的进一步发展。

其三，政党的首领或重要人物对思想政治教育进行柔性干预。政党的首领或重要人物的政治主张和言行举止一般都在社会上有着巨大的影响力，进而对思想政治教育会产生一定柔性干预。以美国为例，美国两党竞选期间对资产阶级的政治、经济、社会主张和价值观念等内容的宣传普及，可能对公民的价值观念、政治观念的形成产生重要影响。总统的就职演说、在

---

① 阿普尔.意识形态与课程[M].黄忠敬,译.上海:华东师范大学出版社,2001:1.
② 张铁勇.新世纪美国学校德育发展的格局与走向[J].外国教育研究,2010(3):74-78.

重要场合的发言、对重大事件的看法等,都是宣传政党意识形态、培养公民价值观念、政治观念的重要机会。

三、法律和政策对思想政治教育的支撑作用

各个国家通过制定法律和政策,对思想政治教育进行明文规定,这是思想政治教育的有力支撑和保障。例如,新加坡通过立法,对违背社会公德的行为进行严厉的处罚。韩国颁布的《国民教育宪章》、日本颁布的《基本教育法》和《社会教育法》等法律都促使教育法治化,对传统文化道德、民主、自由等价值观的教育给予法律上的支持和保障。新加坡、韩国、日本还推进公务员的道德入法。新加坡实行"精英治国",对公务员的选聘和考核制定了完整的管理体制,促使公务员加强自律、提高自身道德水平。[①] 韩国宪法要求所有公务员必须在履职前向宪法宣誓,对国民负责。日本针对早期频发的权钱交易丑闻,制定了相关法律,严格规范公职人员的行政行为和道德行为。

美国联邦政府对公民的价值观教育的间接干预也体现为法律手段的控制,政府可以通过联邦宪法和其他法律法规把公民的思想和行为引向美国的价值和准则,为完成政治社会化提供法律保障。[②] 美国大部分州的法律对学校教授美国宪法课程都有明确规定,要求16～18岁的学生要学习独立宣言、代议制等内容,旨在培养公民对美国法律和政治制度公正性与合理性的认识。[③] 此外,美国联邦政府和地方政府还在法律中规定了价值观教育

[①] 曾凡星.韩国、日本与新加坡构建社会核心价值观途径研究[J].上海党史与党建,2012(3):60-62.
[②] 张荆红.公共理性政治社会化的一个成功案例——美国的公民教育及其对中国的启示[J].学习与探索,2008(2):73-75.
[③] 芦雷.美国"世界公民"教育的实施途径[J].教学与管理,2010(34):77-80.

的内容。例如,新泽西州参议院在决议案中规定,品格教育意味着使每一个儿童认同社会生活的共同核心价值。

自20世纪90年代末开始,英国政府更加注重用法律和政策手段加强公民身份和价值观教育。根据法律,英国国立学校的所有儿童都必须服从其所支持的价值观。从2002年9月起,公民身份和价值观教育成为英国中学的一门法定基础科目(至少分配5%的课程时间)。此外,英国政府还通过实施教育改革政策支持价值观教育。2007年,英国教育和科学部发起了新一轮公民教育课程改革,并发布了《课程审视:多样性与公民身份》白皮书,在公民教育课程中增加了"认同与多样性:共同生活在联合王国"的新内容,将英国共同价值以及有关英国生活方式的教育纳入法定公民教育课程中。

二战后,德国政党通过立法推动"政治养成"教育,培养学生新的政治观念。联邦政府为此设立了联邦政治教育中心,要求学校必须开设思想政治教育必修课,目标是尽可能客观地给学生介绍政治发展的实际境况,培养学生的政治意识、政治判断能力和政治行动能力,帮助学生了解和认同政治制度的基本价值。[①]

四、社会组织对思想政治教育的促进作用

在思想政治教育过程中,社会组织尤其是非营利的各类社会组织,在社会核心价值观的传播中发挥着重要作用。非营利的社会组织包括国家内部民间组织和国际非政府组织。

[①] Alexy Buck, Brigitte Geissel. The Education Ideal of the Democratic Citizen in Germany: Challenges and Changing Trends [J]. Education, Citizenship and Social Justice, 2009(3): 225-243.

（一）国家内部民间组织对社会价值观的传播和维护

目前，世界各国都存在着各式各样的民间组织，这些民间组织日益成为参与各国社会核心价值体系建设的重要力量。它们凭借自身的强凝聚力优势，不断扩大影响力，甚至能够形成一定的国际影响。各个国家纷纷通过制定相关法律和政策、提供政府扶持等手段，对民间组织加以积极的指引和规范的管理，引导民间组织积极传播和维护社会核心价值观。①

很多国家非常注重引导各类民间组织参与社会核心价值体系的建设，尤其是在生态环境保护、教育援助、历史文化艺术遗产保护等领域。国家通过给予税收豁免和贷款资助等优厚待遇，鼓励各类民间组织参与社会公益服务；通过加强与民间组织的合作，支持民间公益事业的发展，增强社会凝聚力。比如在德国，除联邦政治教育中心外，还有300多个经批准的教育机构、基金会和非政府组织参与公民教育。同时，联邦政府会为附属于议会政党的基金会提供资金支持。这些社会组织有力促进了德国公民教育的发展。

（二）国际非政府组织对社会价值观的集成和再造

国际非政府组织是指不属于政府、不由国家建立的国际性组织，一般主要指非商业化、合法的、与社会文化和环境相关的国际性民间组织。国际非政府组织在国际社会中的角色是多元的，它兼有国际政治行为主体、联合国咨商、全球治理主体等多重角色。

相关研究表明，国际非政府组织为成年人提供了重要的非正式学习环境，内容涉及从基本识字到人权教育等问题。国际非政府组织对国家和政

---

① 周利方,沈全.国外核心价值观建设的实践类型及启示[J].理论月刊,2011(11):158-162.

府的影响具有两面性:一方面,国际非政府组织有独立于国家和政府的利益和见解,有时甚至站在对立面,对国家和政府提出批评;另一方面,国际非政府组织又是国家和政府的帮手,其行为是对政府行为的延伸。在更重要的意义上,国际非政府组织代表着某些社会核心价值观。例如,绿色和平组织以"保护地球、环境及其各种生物的安全及持续性发展,并以行动作出积极的改变"为使命,旨在促进实现一个更为绿色、和平和可持续发展的未来社会,该组织是民主、和平、非暴力等价值观念的有力倡导者和推动者。有学者对英国和韩国的非政府组织进行了实证研究,研究表明,国际非政府组织能够对学校提供的公民教育起到一定的补充作用。[①]

总的来说,国际非政府组织所从事的社会服务、慈善活动及其他公益事业,渗透着人道主义和志愿精神,本身也在塑造着平等、信任、合作等社会价值观。与国家内部民间组织相比,国际非政府组织更具全球影响力。国际非政府组织在社会价值观的流动中起到了中转、集成、再造的作用,是思想政治教育中不可忽视的一支力量。

---

① Sun Young Park, Jurij Senegačnik, Geoffrey Mbugua Wango. The Provision of Citizenship Education through NGOs: Case Studies from England and South Korea[J]. Compare: A Journal of Comparative and International Education, 2007(3): 417-420.

第 六 章

思想政治教育运作机制要素之间的交互关系

理想状态下的思想政治教育应当实现知识、行动、品格在受教育者身上的有机统一,即力求实现"行信增知、知行增信、知信促行"的良性循环。同时,在研究思想政治教育运作机制时,需要重点把握两大关系:既要深入理解个体内生态系统与社会道德教育生态系统之间的交互作用,也要系统考察学校教育与社会教育在道德培养过程中的过渡形态。

第六章　思想政治教育运作机制要素之间的交互关系

第一节　知识、行动、品格三者之间的关系

知识、行动、品格并非彼此割裂，三者的有机统一最终能够实现自由的目标。在追求这一目标的过程中，有必要对传统的"知情意信行"线性逻辑进行反思，这种反思可概括为"双层六类现象"。其中，"双层"是指"知信行脱嵌"与"知信行合一"两种情况。"知信行脱嵌"具体表现为"知而不行/知而不信""行而不信/行而不知""信而不行/信而不知"三类现象。"知信行合一"具体表现为"知而行之/知而信之""行而信之/行而知之""行信增知/知行增信/知信促行"三类现象。

一、真知、善行、美德[①]

虽然笔者在前文分章节论述了真知、善行、美德，但三者并不是截然分开的。比如从表面上看，真知是对世界的认知和把握，美德以美为对象，但是真知也会具有美的形态。例如，爱因斯坦的相对论公式除了有巨大的科学穿透力，还兼具一定的美感。又如，社会主义运动的著名口号"全世界无产者，联合起来！"的德文说法也具有音节跳动的美感。真知源于美德的不断锤炼，善行本身就是对美德的体现，真知和善行在美德中达成统一。

真知、善行、美德三者之间的联系和转化体现了主观与客观之间的不同

[①] 为了更好地阐释知识、行动、品格三者之间的关系，这里笔者分别以真知、善行、美德代称。

关系。真的范畴,体现了主观认识与客观状况的吻合;善的范畴,反映了主观认识对客观状况的调适和改变;美的范畴,展现了主观与客观在双向作用中所达到的统一。真善美是一个统一的、不可分割的整体,三者相结合,由此便实现了主观与客观的统一,主观与客观的统一状态就是自由,自由是一切真正的哲学所追求的最高目标。面对无限的世界,个体从自身出发,不断突破自身的有限性,为整体的无限性而努力,这体现了人在共同体中的牺牲与融入,有限自我得以在无限整体中永存,这是最高的美德,充满道德责任感,也是个体自由的真谛所在。

自由作为人类思想史上的核心概念,始终伴随着深刻的讨论与多元的诠释。自由不仅是哲学、政治学和社会学等学科的重要研究对象,更是人类心灵深处的终极追求。人们在理解自由时,往往存在认知局限,将其简单等同于纯粹的精神状态或不受约束的行为表现。实际上,自由的本质要更为丰富和深邃。自由包含三个方面:追求真知、实践善行、形塑美德。这三个方面相互交融,共同构成了自由的完整内涵,使其既包含内在的精神特质又体现外在的行动力量,既是个体的价值诉求也是社会的整体追求。

首先,追求真知是自由的内在驱动力,彰显着人类对知识的渴求和对真理的探索。古希腊哲学家苏格拉底提出的"无知之耻"命题,深刻揭示了求知是人类最本质的精神需求。这种追求既包含对外部世界的了解欲望,也涵盖对人类内心世界的探索诉求。自由的核心在于思想的自由。在思想自由的状态下,人们得以摆脱外界权威的桎梏,自主地思考、质疑与反思。这种自主思考的能力不仅是人类智慧的根基,更是推动社会进步的重要力量。通过追求真知,人们得以持续拓展视野、提升认知水平,从而获得对世界和人生更为深刻的理解。然而,追求真知并非易事。这需要人们具备批判性思维,既要有挑战传统观念的勇气,也要有直面未知与不确定性的胆识。在追求真知的过程中,人们难免会遭遇各种困难和挫折,但正是这些艰难险阻,凸显了追求真知的难能可贵。追求真知不仅能够提升个人智慧,更能为人类文明作出贡献。一个崇尚真知的社会,必然是一个充满智慧和创新的社会。在这样的环境中,人们得以携手探寻真理,推动科技发展,促进文明进步。

其次,实践善行是自由在行动层面的具体体现,反映了人类对道德和伦理的永恒追求。在自由的状态下,个体既享有思想自由,也拥有行动自由。不过,这种行动自由绝非盲目随性、为所欲为,而应以道德伦理为准则行事。实践善行要求人们在行动中恪守道德准则,尊重他人的权利,体现了人类对公正、平等、善良等价值的追求。在自由的社会环境中,人们享有表达个人意愿和诉求的自由,但同时也要尊重他人的意愿和诉求。这种尊重不仅应体现在言语上,更应落实到行动中。实践善行还意味着对社会责任的自觉担当。在崇尚自由的社会环境中,每个公民在享有权利的同时,都必须承担相应的社会责任。通过实践善行,个体不仅能提升道德境界,更能促进社会和谐。一个充满善行的社会,必然是一个充满温暖和关爱的社会。在这样的氛围中,人们能够相互理解、彼此扶持,携手共建美好和谐家园。

最后,形塑美德是自由的内在塑造,它体现了人类对美好品质的追求。在自由的状态下,人们不仅能够自由地思考和行动,而且能够自由地塑造自己的内在品质。美德包括公正、勇敢、诚实、宽容、谦逊等品质,同时也是精神境界的内在体现,因而形塑美德不仅是对个人品质的培养和提升,而且是对精神境界的深化和升华。在自由的社会中,人们能够自由地展现自己的个性和特点,但同时也需要遵循一定的道德规范和伦理标准,这些道德规范和伦理标准正是美德的体现。形塑美德需要个人的自觉和自律。在形塑美德的过程中,人们需要不断地反思自己的想法和行为,从而发现不足、改正缺点。通过自觉、自律地培养美德,人们能够不断提升自己的内在品质,使自己成为一个更加完善的人。同时,形塑美德也需要社会的支持和引导。

社会应该为人们提供良好的道德教育氛围，使人们能够在潜移默化中受到美德的熏陶和感染。在社会的支持和引导下，人们能够更加自觉、自律地培养美德，共同营造充满美德的社会环境。

追求真知、实践善行和形塑美德作为自由的三个方面的内容，彼此之间相互关联、相互促进。追求真知为实践善行提供了理论支撑和思想指引；实践善行是追求真知的外在呈现和行动检验；形塑美德是追求真知和实践善行在精神层面的深化和升华。通过追求真知，人们得以持续拓展视野、提升认知水平，进而更深刻地把握道德伦理的内涵和价值。这种认知深化不仅能够指导人们在实践中恪守道德准则，更能唤起人们对高尚品格的向往和追求。通过实践善行，人们得以将道德观念转化为实际行动，从而为社会创造价值。这种价值贡献既彰显了个人价值，也推动了社会发展。通过形塑美德，人们得以持续提升自身修养和精神境界，逐步实现人格的完善。这种完善既体现在个人成长层面，也反映在社会发展层面。一个充满美德的社会，必然是一个自由、和谐、美好的社会。

需要注意的是，自由从来不是绝对且不受约束的，自由具有相对性。自由的实现和保障依托特定的社会历史条件。在追求自由的过程中，我们必须恪守基本的道德准则和伦理规范，秉持理性审慎的态度，兼顾个人自由权利和社会规范秩序之间的平衡。唯有通过全社会的共同努力，才能构建一个更加自由、和谐、美好的理想社会。

二、知识、行动、品格在思想政治教育中的运作逻辑

知识转化为行动需要判断力，判断力是思考、意志和判断这三个要素的综合体现。思考是个体与自身的心灵对话，思考能够帮助个体突破世俗框

架的束缚,形成独立判断,使个体既不会屈从于社会压力,也不畏惧被视为异类。当个体获取知识后,如果不经过思考这一过程进行内化,那么个体可能会缺乏主体性,如同被输入指令后机械地按照社会期望输出行动的机器。这种无思的状态不应存在于健全的公民社会之中。思考使知识在个体头脑中具象化,进而帮助个体判断哪些事情可以做,哪些事情可能造成严重后果。

思考与行动是可以分离的,这正是区分善恶的关键所在,比如明知某件事情不正确,但仍去做,这就是恶。那么,如何才能确保向善去恶呢?这就需要"意志"这一要素。中国古代对君子的要求之一便是"慎独",也就是即使一个人独处、没有人注意时,也要谨言慎行。这正是对个人意志的考验。人性中本有趋利避害的倾向,因而必须依靠强大的意志加以约束。判断力的思考、意志和判断三个要素缺一不可,否则从知识转化为行动的过程中可能出现偏差。

从知识到行动,最终形成品格乃至信仰,这一过程离不开同理心的作用。同理心能够帮助个体更好地融入共同体之中。如果缺乏同理心,那么共同体中可能存在旁观者。这些旁观者虽然也能获取知识并作出符合社会期望的行动,但缺乏内在热情,其动机或是出于利益考量,或是迫于外界压力,本质上对公共事务持漠然态度。康德提出的"普遍立法"和"意志自律"原则指出:行动应具有普遍适用性,即在理想状态下,处于相似情境的共同体成员会作出类似选择;同时,行动者需具备意志自律能力,能够将外在规范内化为个人行为准则,并且还需具备普遍的可沟通性,这种可沟通性正是基于共同的价值观念而形成的同理心。正如阿伦特所言,即便在远离同伴、独立思考时,她也并非仅与进行哲学沉思的自我独处,她始终身处一个普遍联系的世界,能够设身处地地理解他人。①

传统观念往往认为思想政治教育是一个自然达成的过程:受教育者掌握知识后立即付诸行动,也就是"知而行之";习得知识后随即产生认同,也就是"知而信之";通过持续行动强化信念,也就是"行而信之";在行动中不断获取新知识,也就是"行而知之"。然而,实际情况往往并非如此理想,受教育者的知识与行动可能存在脱节现象:受教育者习得知识后可能不付诸行动,也就是"知而不行";掌握知识后未必完全认同,也就是"知而不信";虽然采取符合要求的行动,但可能是出于从众心理、社会压力或其他功利因素,内心并不真正认同,也就是"行而不信";虽然践行了相关规范,但未系统学习相关知识,而是仅凭善良本意或社会期待行事,也就是"行而不知";虽然认同某个规则的正确性,但不愿践行,也就是"信而不行";虽然确信某个规则是正确的,但从未探究过为什么这个规则是正确的,也就是"信而不知"。"知而不行""知而不信""行而不信""行而不知""信而不行""信而不知"这六种情况可概括为"知信行脱嵌"现象。上述六种情况还衍生出"有知有行而不信""有知有信而不行""有行有信而不知"三种变体。例如,"有知有行而不信"即为"知而不信"与"行而不信"的复合形态,此处不再赘述。

受教育者在自身坚定信仰的驱动下持续行动,既能拓展知识体系,又能完善认知结构,实现"行信增知"。受教育者在获取知识并采取行动的过程中,能够深化自身的品格修养与价值信仰,实现"知行增信"。要作出正确的行为选择,受教育者不仅需要习得知识、掌握规则,更需要培育道德敏感性与信念认同,从而完成从认知德性到实践德性的跃迁,实现"知信促行"。

要实现"行信增知、知行增信、知信促行"的良性循环,关键在于激发受教育者的内在动力,这需要进一步关注其核心品质和基本态度,包括同理

---

① 阿伦特.过去与未来之间[M].王寅丽,张立立,译.南京:译林出版社,2011:225.

心、羞耻心、恭敬心和是非心。具体而言：首先，同理心构建了个体之间的共情基础，也就是所谓的"人同此心，心同此理"；其次，羞耻心形成了个体的自律机制，当行为偏离社会期待时，即便无人知晓，个体仍会产生内疚感；再次，恭敬心塑造了个体的价值信仰，使个体能够不受外界干扰地遵循内心确立的行为准则行事，这也就是我国传统文化中强调的"慎独"境界；最后，是非心确立了社会共同的道德标准，确保在相同情境下人们能形成一致的道德判断。

如前文所述，理想状态下的思想政治教育应当实现知识、行动、品格三者的有机统一，即努力实现"行信增知、知行增信、知信促行"的良性循环。为此，我们需要进一步对思想政治教育运作机制的核心要素进行深入剖析。知识、行动、品格不仅是思想政治教育不可或缺的组成部分，更是衡量其成效的关键指标。只有当知识、行动、品格实现完美融合时，思想政治教育的目标才能真正实现。

首先，知识是思想政治教育的基石，是形成正确的世界观、人生观和价值观的前提。在思想政治教育中，知识不仅限于理论记忆性知识，而且包括关于社会现象、历史发展、道德规范等多方面的理解性和应用性知识。在进行思想政治教育时，需要系统地将马克思主义理论、中国特色社会主义理论体系等基础知识传授给受教育者，使受教育者能够准确把握社会发展的基本规律，深刻理解党的路线、方针、政策。同时，需要将理论知识与现实问题相结合，引导受教育者学会分析社会现象，理解国家大政方针的背景和意义，增强思想政治教育的针对性和实效性。此外，还需要注重培养受教育者的批判性思维，鼓励他们独立思考、敢于质疑、勇于探索，形成自己的见解和判断。

其次，行动是思想政治教育的关键环节，是将理论知识转化为实践能力的桥梁。在思想政治教育中，行动不仅体现为受教育者的日常行为，而且体现为他们对社会实践的积极参与。在进行思想政治教育时,需要引导受教育者养成良好的行为习惯、遵守社会公德、尊重他人、诚实守信、树立正确的道德观念。同时,需要鼓励受教育者积极参与社会实践,如社区服务、社会调查、环保活动等,通过社会实践锻炼能力、提高素质、增强社会责任感。此外,还需要注重培养受教育者的创新意识和实践能力,鼓励他们体验新事物、发现新问题、探索新方法、解决新问题。

最后,品格是思想政治教育的内在要求,是受教育者综合素质的集中体现。在思想政治教育中,品格的培养不仅关乎个人的道德修养,更关乎社会的和谐稳定。通过思想政治教育,可以培养、提升受教育者的道德品质,如爱国、敬业、诚信、友善等,使他们成为有道德、有担当的人。在品格培养过程中,需要注重对受教育者的心理健康教育,帮助他们树立正确的自我认知,增强自信心和抗压能力,形成积极向上的心态。同时,还可以融入人文关怀,引导受教育者关注社会弱势群体,关心国家大事,培养家国情怀和社会责任感。

此外,我们还需要进一步厘清"行信增知、知行增信、知信促行"的具体表现和运作逻辑。"行信增知"是指行动和信念促进知识的发展。受教育者在自身坚定信念的驱动下持续采取实际行动,能够更深入地理解所学内容,并将其转化为自身的知识体系和价值观念。在实践过程中,受教育者面临的各种问题和挑战会促使其对既有知识结构和行为模式进行反思,激发受教育者的创新思维,进而促进知识的创新和发展,并进一步为受教育者的后续学习和成长奠定坚实的基础。

"知行增信"是指知识和行动促进信念的养成。在实践中,受教育者运用知识解决问题,不仅能够有效锻炼自身解决实际问题的能力,还能够全面提升沟通、协作和创新等综合素养。同时,知识和行动的相互促进使受教育者能够直观地感受到自身的成长和进步,从而建立起更强的自信心和成就感。这种自信心和成就感既源于对自身能力的认可,也源于对所学知识的笃信与坚持。此外,知识和行动的相互促进还能帮助受教育者更深入地认识社会的多样性和复杂性,从而形成更加成熟、理性的价值观念。

"知信促行"是指知识和信念促进行动的开展。受教育者的知识和信念会影响其目标设定和行动方向,进而引导其采取正确的行动。通过思想政治教育,可以帮助受教育者完善知识体系、形成正确的价值观念,从而使其能够作出既符合社会发展需要,又有利于个人成长的选择。在知识和信念的共同引导下,受教育者将建立起强烈的责任意识和坚定的价值观念,进而促使自身积极参与社会实践,为国家和社会发展贡献自己的力量,并在持续进取中实现自我提升。

基于上述分析,我们可以大概勾勒出思想政治教育的运作机制:在微观层面,表现为"知识→道德认知→道德情感→道德意志(包括信念)→道德行为→行动(与品格是并列互动关系)→新的知识"的螺旋式上升、循环往复过程(如图1);在宏观层面,表现为个体与群体之间的关系,即个人与国家、社会之间的关系是如何对受教育者认知产生影响的(如图2)。

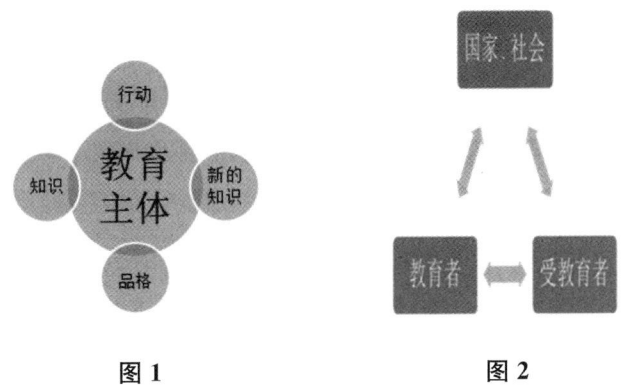

图1　　　　　　　图2

值得一提的是,为了更好地实现知识、行动、品格三者的有机统一,需要构建教育者、受教育者、社会三方协同的育人机制。教育者应当确立科学的教育观念，着力培养受教育者的综合素养和创新精神，积极引导受教育者将理论知识转化为实践能力，密切关注受教育者的心理健康和品格培养，为其提供全方位的教育支持。受教育者应当积极培养自主学习能力，主动参加各类社会实践活动，注重自我完善和品德锤炼，持续提升综合能力和道德修养。社会各界应当为受教育者提供多元化的实践平台和资源保障，营造有利于人才成长的社会环境。

理想状态下的思想政治教育是知识、行动、品格三者的完美融合。这种完美融合不仅体现在受教育者的个人成长上，更体现在他们对社会的贡献上。当受教育者具备深厚的理论知识、丰富的实践经验和高尚的道德品质时，他们将成为推动社会进步和发展的重要力量。有鉴于此，我们应当持续推进思想政治教育的改革和创新，为实现这一理想状态而不懈努力。

第二节 人类认知过程对思想政治教育运作机制的启示

人类的认知过程始于对外界信息的感知和提取，首先通过感官获取事物表象，形成感性认识，再经过思维活动的加工升华为理性认识，并最终通过想象对已有表象进行创造性重构。在此过程中，动机和情绪、个体差异等因素也会对认知过程产生重要影响。思想政治教育的认知过程包括记忆、理解、运用、分析、评价和创造这六个核心环节，通过这六个环节在思想政治教育中的细化应用，可以增强思想政治教育教学实践的科学性和有效性，从而更好地提升受教育者的思想品质并促进其全面发展。

一、人类认知过程的发展规律

认知心理学关于人类认知过程发展规律的研究,为我们理解知识、行动和品格在受教育者观念形成过程中的作用机制提供了理论基础。人工智能先驱马文·明斯基将人类精神活动划分为六个递进层级:本能反应(instinctive reactions)、习得反应(learned reactions)、沉思(deliberate thinking)、反思(reflective thinking)、自我反思(self-reflective thinking)和自我意识情绪(self-conscious emotions)。在这一层级结构中,较低层次的精神活动主要受本能系统支配,而较高层次的则更多受到道德和价值观念的影响。[①]

现代心理学将感觉(sense)定义为通过单一感官通道直接获取的认知经验,包括视觉、听觉、味觉、嗅觉和触觉等基本形式,以及跨感官通道产生的联觉现象。知觉(perception)是指大脑和神经系统对感觉信息进行再加工,从而形成对事物整体认知的心理过程,其特征包括整体性、恒常性和选择性等。感觉与知觉虽然存在差异,但二者都源于感官体验,在认知过程中紧密关联、相互交织,共同构成人类的感知系统。

人类的认知过程始于对外界信息的获取,并形成具有形象性、直观性和概括性特征的表象。区别于其他动物,人类能够将表象转化为记忆,并实现有意识的提取。然而,这一阶段的认知仍停留在感性认识和形象思维层面,尚未达到理性认识和逻辑思维的高度。思维作为更高级的认知形式,能够揭示事物的本质属性和内在规律,帮助人类建立对事物的理性认识。人类还能对已有表象进行创造性加工,构建新的认知图景,这一能力即为想象。此外,动机和情绪在认知过程中同样发挥着重要作用。在下文中,笔者将从

---

① 马文·明斯基.情感机器[M].王文革,程玉婷,李小刚,译.杭州:浙江人民出版社,2016:135-167.

表象的获取、感性认识的形成、理性认识和逻辑思维的发展、想象在认知过程中的作用,以及动机和情绪对认知过程的影响等维度,对人类的认知过程进行全面系统的探讨。

(一) 表象的获取

表象作为外界信息在人脑中的反映,是人类通过感官获取的最初认知材料,构成了人类认识世界的基础。表象的获取依赖于感官的信息接收和大脑的初步加工处理。视觉、听觉、味觉、嗅觉和触觉等感官通道都是获取表象的重要途径。

表象具有以下三个基本特点:其一,形象性。指表象以具体形象的形式储存在记忆中,例如观察花朵后在大脑中形成的视觉形象。其二,直观性。表象能够直接被意识感知,不需要经过复杂的思维处理。其三,概括性。表象能够整合多个具体实例,形成对某类事物的共性认知。

人类区别于其他动物的一个重要特征在于,人类不仅能够将表象转化为记忆,而且能有意识地进行提取和运用。虽然动物也具备某种形式的记忆能力,但通常缺乏人类这种有意识地回忆和利用过往经验的能力。这种独特的认知功能使人类具有更强的思维灵活性和创造性潜能。

(二) 感性认识的形成

感性认识是客观事物直接作用于人的感官后在大脑中形成的反映形式,是人类认知过程的初级阶段,其形成主要依赖于表象的积累。感性认识具有以下三个基本特点:其一,直接性。感性认识直接源自感官经验。其二,具体性。感性认识能够具体反映事物的外在特征。其三,个别性。感性认识强调对单一现象的独立认知。

记忆是认知过程中的核心机制,其功能在于存储过往经验并实现按需提取。从神经科学角度看,记忆的形成依赖于大脑神经网络的结构性改变,这种改变通过持续的学习和训练得到强化。在感性认识阶段,记忆系统通过积累丰富的表象素材,为更高层次的理性认识奠定基础。

需要指出的是,感性认识虽然是人类认知活动的起点,但也存在一定的局限性:其一,其认知范围仅局限于事物的表面特征和个别现象,难以把握事物的本质属性和内在规律;其二,这种认识方式容易受到外部环境的干扰和主观倾向的影响,可能导致认知结果出现偏差。

(三) 理性认识和逻辑思维的发展

理性认识突破了感性认识的局限性,通过思维过程把握事物的本质属性和内在规律,是人类认知活动的高级形式。理性认识具有以下三个基本特点:其一,抽象性。理性认识是对事物本质属性和内在规律的概括提炼。其二,普遍性。理性认识普遍地适用于同类事物。其三,客观性。理性认识能够客观反映事物的真实面貌。

逻辑思维是理性认识的核心要素,它使人类能够按照逻辑规则进行思考和推理。逻辑思维的发展遵循从简单到复杂、从具体到抽象的演进规律。在逻辑思维的发展过程中,人类逐步掌握了归纳推理(从特殊到一般)、演绎推理(从一般到特殊)和类比推理(从特殊到特殊)等基本思维方法,这些方法的掌握显著提升了人类的思维能力和认知水平。

(四) 想象在认知过程中的作用

想象是人类在头脑中对已有表象进行加工改造,从而形成新形象、新构想、新图景的心理过程。想象具有以下三个基本特点:其一,创造性。想象能够突破常规,形成新形象、新构想、新图景。其二,自由性。想象不受现实条件的严格约束。其三,灵活性。想象能够根据需要进行动态调整。

在人类认知过程中,想象发挥着多重重要作用:其一,想象能够拓展认知边界,帮助人类理解无法直接感知的事物和现象;其二,想象能够激发创新思维,为人类解决问题提供新颖的思路和方法;其三,想象能够强化学习效能,通过形象化处理促进人类对复杂信息的理解和记忆。

(五)动机和情绪对认知过程的影响

动机是人类认知活动的内在驱动力,动机能够促使人们探索世界、获取知识并提升能力。根据驱动力来源的不同,动机可以分为内在动机和外在动机两种类型:内在动机源于个体自身的兴趣和求知欲;外在动机则来自外部奖励或惩罚的刺激。

情绪也是人类认知过程中的重要影响因素。它不仅作用于人类的注意力和记忆力等基础认知功能,而且深刻影响着人类的思维方式和决策过程。情绪可以分为积极情绪和消极情绪两种类型:积极情绪能够激发人们的创造力和想象力,使人们更加乐观和自信地面对挑战;消极情绪则可能使人们陷入焦虑、恐惧和沮丧等负面情绪中,进而影响人们的认知能力和行为表现。

总的来看,动机能够有效激发认知活动,促使人们以更加专注和投入的态度探索世界;情绪则可能影响认知过程和结果,使人们更加积极地应对认知挑战或更加消极地面对认知困难。因此,在认知过程中,我们应当密切关注动机和情绪所产生的影响,以更好地控制和调节认知行为。

(六)认知过程中的个体差异

认知过程中的个体差异体现为不同个体在思维方式和能力上的多样性,具体表现为智力水平、认知风格、学习习惯等方面的不同。这种差异性主要源于遗传基因、成长环境、教育经历等多重因素的交互作用。

具体来说:其一,遗传基因对认知能力的发展具有十分重要的作用。研究表明,智力等认知能力的发展在很大程度上受到遗传基因的影响。其二,成长环境也在个体认知过程中发挥重要作用。家庭、学校和社会等不同环境为个体提供了差异化的认知资源和发展机会,进而对个体认知能力的发展产生不同影响。其三,教育经历也是影响个体认知过程的关键因素。通过系统化的知识传授和技能培养,教育能够有效促进个体认知能力的发展和提升。

综上所述,人类的认知过程复杂而精妙,其发展规律层层递进。从最初的表象感知到感性认识的逐步积累,伴随逻辑思维的发展上升到理性认知,再到通过想象对已有表象进行创造性重构,其间还交织着动机和情绪等因素的干预,并受到个体差异的影响呈现出个性化和多样性。

随着科学技术的不断发展和认知科学研究的持续深入,人类对认知过程和认知发展规律的探索将更加深入和全面。未来,我们可以期待更多的研究成果能够进一步揭示认知过程的奥秘和规律,为人类认知能力、创新能力的发展和提升提供理论支持和实践指导。此外,我们也需要重视个体差异在认知过程中产生的重要影响,从而更有针对性地优化个体的认知发展路径。

二、人类认知过程的核心环节及其具体应用

观念在人脑中的形成过程和人类认知系统各要素间的联系非常复杂。著名的沃森选择任务实验深刻揭示了人类认知过程中逻辑加工与心理加工的关联性。其一,人们头脑中的逻辑不等同于"逻辑学"。人们在思维与认知活动中运用的逻辑是与经验密切相关的。那种脱离经验、普遍适用且无个体差异的逻辑并不存在,或者说仅存在于逻辑学家的理想模型中。其二,

理想的逻辑模型在实际应用中往往会出现心理偏差,这表明在实际思维过程中,逻辑过程与心理过程相互交织,逻辑推理确实会受到心理因素的影响。其三,尽管心理因素会影响逻辑推理,但正确的逻辑推理模型能够对思维过程进行约束与修正,使其保持在科学合理的范围内。

卡尼曼在《思考:快与慢》一书中用系统 1 和系统 2 的隐喻来阐述人类的思维活动。系统 1 是快速、直觉、自动化的无意识思维系统;系统 2 则是缓慢、逻辑、受控的有意识思维系统。卡尼曼指出,系统 1 在决策中的作用远超预期,堪称"幕后主使"。系统 1 将生活经验凝结为信念和认知模式,成为行动的动力源泉。它能快速关联当下情境与近期事件,通过直觉判断区分常态与异常。系统 1 的直觉判断不仅通常是正确的,而且会在潜意识层面影响所有判断(包括系统 2 的判断)。系统 2 主要通过集中注意力的方式分析和解决问题,虽然更准确但效率较低,且常会直接采纳系统 1 的判断结果。系统 1 产生印象、感觉和倾向,当这些内容得到系统 2 支持时,就会转化为信念、态度和意图。①

在宏观层面,人类的认知可以划分为五个层级:神经认知、心理认知、语言认知、思维认知和文化认知。其中,神经认知和心理认知是人类与其他动物都具备的基础认知能力,被归类为"低层级认知";语言认知、思维认知和文化认知则是人类独有的高级认知能力,被归类为"高层级认知"。在该层级序列中,低层级认知为高层级认知提供基础支撑,高层级认知对低层级认知产生调节作用。②

在微观层面,认知过程可以从知识的习得过程切入进行探讨。修订后的布鲁姆教育目标分类法突破了原来的单一维度,构建了"知识"和"认知过

---

① Daniel Kahneman. Thinking, Fast and Slow[M]. New York: Farrar, Straus and Giroux, 2011:278-288.
② 蔡曙山.科学发现的心理逻辑模型[J].科学通报,2013(34):3530-3543.

程"的二维框架。知识维度包含四类:事实性知识、概念性知识、程序性知识和元认知知识。其中,事实性知识(factual knowledge)是学科学习、解决问题等所必备的基础性知识;概念性知识(conceptual knowledge)是关于"是什么"的知识,主要指某个领域内基本要素的定义及其之间的关系、组织结构等;程序性知识(procedural knowledge)是关于"如何做"的知识,通常表现为有序的步骤,涉及技能、算法、技巧及其适用条件、适用标准等内容;元认知知识(metacognitive knowledge)是关于认知本身及自我认知的知识,也就是人们对于什么因素会对人类的认知活动产生影响、这些因素是如何发挥作用的等问题的认识,元认知知识对学习者的成长和主动性的发挥具有重要作用。认知过程维度根据认知复杂程度由低到高可以分为六类:记忆、理解、运用、分析、评价和创造。当代教育理论通常将学习和教学目标分为"保持"和"迁移"两类,而认知过程与学习和教学目标密切相关。当学习和教学目标主要是"保持"学习内容时,对应的认知过程即为记忆;而理解、运用、分析、评价和创造则与学习内容的"迁移"相关。

结合宏观认知层级和微观认知过程,我们可以通过记忆、理解、运用、分析、评价和创造这六个类别来展现思想政治教育中受教育者的认知过程。具体而言:记忆是指从长时记忆系统中提取相关信息的过程;理解是指把握某一事物或概念内在意义的过程;运用是指在特定情境中根据事物的特性进行合理利用的过程;分析是指将研究对象分解为若干要素,并深入探究各要素之间内在联系及其与整体之间关系的过程;评价是指基于特定标准进行判断的过程;创造是指通过整合或重组研究对象的各要素,形成具有统一性、功能性或创新性成果的过程。

思想政治教育是塑造个体观念和行为的重要途径,其运作机制的有效性对培养全面发展的社会成员来说至关重要。接下来,本书将系统阐释人类认知过程的六个核心环节——记忆、理解、运用、分析、评价和创造的含义及其在思想政治教育中的具体应用,以实现思想政治教育目标的最大化,并为思想政治教育工作的开展提供相关教学策略与评价体系,从而更好地促进受教育者的全面发展。

(一) 记忆

记忆作为认知过程的基石,其核心功能在于从长时记忆系统中提取相关信息。同时,记忆是理解与应用高阶知识的前提。在思想政治教育领域,通过记忆,受教育者能够有效存储并调用政治理念、社会规范和道德准则等信息,为后续的深度学习与实践应用提供必要支持。

记忆可以通过以下四种形式进行:一是反复记忆,通过反复诵读、默写或讨论等方式强化记忆;二是关联记忆,在即将要学习的内容与已经掌握的知识和经验之间建立联系,以提升记忆效率;三是图像记忆,借助视觉化工具辅助记忆抽象概念;四是情境记忆,通过场景模拟增强记忆效果。基于此,思想政治教育教学实践可以采取以下策略:通过反复诵读和默写,强化受教育者对基础知识的记忆;加强新旧知识之间的联系和迁移,提升受教育者对新知识的记忆效率;采用构建思维导图、观看纪录片等形式,帮助受教育者记忆复杂抽象的知识;通过情境模拟、角色扮演等形式,使抽象的政治理论转化为可体验的具身认知,增强受教育者对知识的记忆效果。

(二) 理解

理解作为认知过程的核心环节,指的是把握某一事物或概念内在意义的过程。理解是一个复杂的认知过程,它超越了简单的信息接收层面,体现为对信息的深度解析与内化过程。在思想政治教育领域,通过理解,受教育者能够对政治理念、社会规范和道德准则等信息形成独立的见解和价值判断。

理解可以通过以下两种形式进行：一是概念界定，通过明确的内涵与外延界定来消除受教育者的认知偏差；二是案例分析，借助具体案例帮助受教育者理解和掌握复杂抽象的知识。基于此，思想政治教育教学实践可以采取以下策略：开展专题讲座、研讨会等，对易混淆的政治概念进行系统阐释和深入解读，帮助受教育者厘清不同概念之间的区别与联系；通过案例讲解、时事分析、政策解读等方式，在具体情境中引导受教育者加深对复杂抽象的政治知识的理解。

（三）运用

运用是指在特定情境中根据事物的特性进行合理利用的过程。在认知过程中，运用是将理论知识转化为实际行动的关键环节。在思想政治教育领域，通过运用，受教育者能够在实践中验证和巩固所学内容，并逐步形成正确的行为模式和价值取向。

运用可以通过以下四种形式进行：一是情境模拟，通过创设仿真情境，促进受教育者将理论知识转化为实践能力；二是社会实践，依托志愿服务、实地调研等活动实现知行合一；三是案例研讨，借助真实案例培养受教育者解决实际问题的能力；四是反思总结，鼓励受教育者对实践过程进行复盘和反思，总结经验和教训，以更好地应对未来的实践活动。基于此，思想政治教育教学实践可以采取以下策略：设计政务模拟活动，提升受教育者的政治参与能力；开展社区服务、普法宣传、环境保护等公益活动，强化受教育者的公民意识和社会责任感；结合社会热点和政策导向，引导受教育者对具体案例中的问题进行分析，并给出相应解决方案；鼓励受教育者定期对实践活动进行反思总结，以增强运用实效。

（四）分析

分析是指将研究对象分解为若干要素，并深入探究各要素之间内在联系及其与整体之间关系的过程。分析作为认知过程的核心环节，对培养受教育者的思维能力、深化受教育者的认知具有重要作用。在思想政治教育领域，通过分析，受教育者能够透过现象把握本质，形成对研究对象全面而深刻的认识。

分析可以通过以下四种形式进行：一是批判思考，在学习知识、阅读资料的过程中，重视批判性思维的运用，充分培养发展思辨能力；二是因果分析，探究事物发展的前因后果及其内在关联，加强对其本质规律的把握；三是比较研究，通过对比不同观点、学说或案例，深化对知识的理解和运用；四是结构分析，解析事物的构成要素及其相互关系，以及各要素与事物整体之间的关系，加深对事物不同层面的认知。基于此，思想政治教育教学实践可以采取以下策略：在学习思想政治教育知识、阅读相关材料时，加强对批判性思维的训练，引导受教育者进行独立判断；借助对社会热点事件的分析，带领受教育者探究事件发生的深层原因和社会影响；对比分析不同观点、学说或案例的特点和差异，提升受教育者的认知水平和实践能力；对复杂知识进行解构，细致分析其构成要素，帮助受教育者更好地解决复杂疑难问题。

（五）评价

评价是指基于特定标准进行判断的过程。评价作为认知过程的关键环节，兼具检验学习效果、培养价值判断能力和促进自我反思的重要功能。在思想政治教育领域，通过评价，受教育者能够认识到自身的优势与不足，为后续的改进与完善指明方向。

评价可以通过以下三种形式进行：一是自我评价，鼓励受教育者定期进行自我评价和反思,培养自我管理能力;二是同伴评价,借助互评机制,增进受教育者之间的了解和合作,打造学习共同体,促进共同进步;三是教师评价,依托教师专业、及时的反馈,帮助受教育者建立正确的自我认知。基于此,思想政治教育教学实践可以采取以下策略:通过每周思想小结的形式,引导受教育者从认知和实践等角度进行自我评价;定期组织小组互评,成员互相反馈优势和不足,促进互相学习、取长补短;教师根据课堂表现、课后思考、测验情况、社会实践等方面对受教育者进行全面、及时的评价,并提供针对性指导。

(六) 创造

创造是指通过整合或重组研究对象的各要素,形成具有统一性、功能性或创新性成果的过程。创造对于激发受教育者的创新意识、提高其问题解决能力具有重要意义。在思想政治教育领域,通过创造,受教育者能够提出新观点、想出新方法,从而为社会发展注入活力。

创造可以通过以下两种形式进行:一是头脑风暴,通过开放式讨论促进受教育者思维发生碰撞,激发其创新思维,培养其创造性表达能力;二是跨学科融合,引导受教育者整合不同学科的知识,形成创新性解决方案。基于此,思想政治教育教学实践可以采取以下策略:结合时事热点,拟定讨论话题,鼓励受教育者积极表达自己的观点,在交流互动中激发创新思维;针对实际案例中的问题,引导受教育者结合不同学科的知识,提出更加科学合理的解决方案。

从总体上看,记忆、理解、运用、分析、评价和创造这六个环节相互关联、协同作用,共同构成思想政治教育的完整认知过程。通过这六个环节在思想政治教育中的细化应用,我们既能提升思想政治教育教学实践的科学性和有效性,又能更好地培养受教育者的综合素养。随着科学技术的发展和教育理念的更新,未来可进一步探索更加多元化的教学策略与评价体系,使之更契合受教育者的需求和社会发展的需要。具体而言,可运用大数据分析技术对学习情况进行精准诊断并提供个性化指导,借助虚拟现实技术创设沉浸式学习情境,通过跨学科学习模式培养复合型人才,等等。需要强调的是,由于认知过程的六个核心环节在思想政治教育中的细化应用具有持续发展性,因此我们需要对教学策略与评价体系进行动态优化,以实现教育目标与个体发展的有机统一。

第三节 运作机制要素在社会道德教育生态系统中的融合

社会道德教育生态系统、思想政治教育系统与学校三者之间存在着复杂而深刻的关系。学校作为社会道德建设和思想政治教育的主要阵地,在道德教育、思想引领、协同育人等方面发挥着重要作用,其内部也存在着复杂的共生和竞争关系。此外,个体内生态系统与社会道德教育生态系统之间呈现出结构耦合的特征。同时,学校作为连接社会道德教育生态系统和思想政治教育系统的关键角色,其内部的知识能量交换机制尤为重要。此外,学校与社会交界处形成的道德生态过渡带和道德教育生态场,构成了独特的互动形态。

一、社会道德教育生态系统、思想政治教育系统与学校的关系

生态这一科学概念的形成与近代生物学的发展及生态学学科的建立密

切相关。从直观层面理解,生态是指生物生存的环境,包括水、光、温度、空气、土壤等自然环境因素。耦合是指系统之间通过物质、能量和信息的交换而产生的相互制约与协同作用,一方面表现为各系统自由度的降低和部分属性的减弱,另一方面表现为在新模式下产生协同增效,使原有属性得到拓展。目前,生态学研究主要聚焦于三大耦合系统:大气—海洋耦合系统、农田水肥耦合系统和山地—绿洲—荒漠耦合系统。这些耦合系统通过生态过渡带实现跨系统的物质能量传递,为研究生态系统的多样化格局提供了基础。在耦合系统中,结构耦合特指系统之间的条件性关联机制,运用这一原理可以进行跨学科研究,特别是在教育领域中,分析教育主体与所处环境之间通过持续互动所形成的结构耦合现象和调适过程。

就人类社会发展而言,个体观念的形成本质上是对社会关系的一种映射。人类生活在特定的社会历史环境中,当社会历史环境发生变化时,人类的社会关系也会随之改变,进而影响个体的思想道德观念。这意味着,在不同的社会历史环境和社会关系中,教育对象会呈现出不同的思想特征和道德表现。[①] 人在社会生活中必然与他人、群体及整个社会建立广泛而深刻的联系,这种联系经过历史积淀与文化塑造,最终形成了复杂而精密的社会道德教育生态系统。在该系统中,个体具有三重身份:既是道德评价的客体,又是道德观念的传播主体,同时也是道德规范的创造主体。作为塑造个体思想道德的核心机制,思想政治教育系统理应在社会道德教育生态系统中发挥主导作用。

(一) 社会道德教育生态系统的概念和特征

社会道德教育生态系统是由外部环境、社会关系及多种道德要素通过

---

① 陈万柏,张耀灿.思想政治教育学原理[M].北京:高等教育出版社,2007:162.

相互作用而形成的动态平衡体系。该系统既包含个体层面的道德建构,又涉及社会整体的道德建构,二者相互依存、协同发展。个体道德建构是指个体通过家庭教育、学校教育和社会实践等途径,逐步形成包含道德认知、情感体验和行为模式在内的完整道德体系的过程。该建构既是个体社会化的关键环节,也是实现自我发展的必经过程。社会道德建构是指社会通过规范制定、制度设计和价值引导等机制,对个体道德进行系统性塑造的过程。该建构既体现了社会价值共识,又为社会发展提供了精神支撑。

社会道德教育生态系统具有以下三个特征:其一,动态演化性。社会道德教育生态系统中的社会关系和道德要素始终处于生成、发展和消解的动态过程中。其二,整体关联性。社会道德教育生态系统是由多种相互关联、相互作用的要素构成的有机整体。其三,开放适应性。社会道德教育生态系统通过持续的物质、能量和信息交换维持其自身的平衡与稳定。

(二) 思想政治教育系统的地位和作用

思想政治教育系统是由若干相互关联、相互作用的思想政治教育要素,在特定思想政治教育环境中构成的有机整体。思想政治教育系统在培养个体思想观念、道德品质和价值取向方面具有重要作用,是社会道德教育生态系统的重要组成部分,在社会道德教育生态系统中占据主导地位,直接影响着社会道德建设的发展方向和水平,并持续推动社会道德教育生态系统的优化升级。

具体而言,思想政治教育系统主要通过以下方式发挥作用:通过传授道德知识、培养道德情感和塑造道德行为,提升个体的道德素养;通过维护社会稳定、促进社会和谐和推动社会进步,实现其重要的社会功能;通过培养爱国主义情怀、集体荣誉感和社会责任感,增强个体的社会认同感和归属感。

（三）学校在社会道德教育生态系统和思想政治教育系统中的重要作用

学校作为社会道德建设和思想政治教育的主要阵地，在道德教育、思想引领、协同育人等方面发挥着重要作用。在道德教育方面，学校作为核心育人场所，依托课程教学和教师示范，系统性地开展道德认知教育；通过营造校园文化氛围和组织主题活动，实现道德文化的传承与发展；通过精心设计实践活动，促进受教育者将道德认知有效转化为道德行为。在思想引领方面，学校通过有机整合课堂教学、专题教育和实践体验等多元渠道，构建系统化的思想政治教育体系，引导受教育者树立正确的价值判断标准；通过提升受教育者的基本素养、强化受教育者的社会责任意识，为维护社会稳定提供坚实保障。在协同育人方面，学校、家庭和社会三方通过建立有效的联动机制，形成教育合力，优化教育环境，共同促进受教育者的全面发展。

（四）学校生态系统内部的共生性和竞争性

在社会道德教育生态系统和思想政治教育系统中，学校作为微观层面的子系统，其内部存在着复杂的共生和竞争关系：其一，教师与学生的共生关系。在思想政治教育过程中，师生地位平等，通过有关思想政治教育的教学互动，实现协同发展、共同成长。其二，学科之间的共生关系。学校将思想政治教育理念融入各学科教学中，通过思想政治教育课程与其他课程的配合，实现跨学科协同育人。其三，个体之间的竞争关系。在思想政治教育过程中，个体之间在道德品质和行为表现上存在一定的竞争关系，如果是良性竞争，那么将有助于个体道德品质的提升。其四，学校之间的竞争关系。不同学校之间的良性竞争，能够有效促进思想政治教育教学方法的创新与优化。

(五) 个体内生态系统和社会道德教育生态系统的结构耦合

在宏观层面,个体内生态系统和社会道德教育生态系统之间存在结构耦合现象。这种耦合体现为人的思想、道德和价值观系统与社会道德教育生态系统之间的相互联系和相互作用。人的思想系统由认知、情感和意志等要素组成,这些要素相互作用,共同构成了人的思想世界。人的道德系统包含道德观念、道德情感和道德行为等要素,这些要素在社会生活中持续发展和完善。人的价值观系统是个体对外部环境和自身的基本看法和态度,它会对个体的行为选择产生影响。

个体内生态系统和社会道德教育生态系统相互依存、相互影响:社会道德教育生态系统为个体内生态系统提供道德规范和价值导向,影响个体内生态系统的发展方向,而个体内生态系统则通过个体的道德行为和社会实践推动社会道德教育生态系统的演进,形成持续的动态平衡。

综上所述,在未来的思想政治教育实践中,我们需要加强对社会道德教育生态系统、思想政治教育系统与学校教育关联性的深入研究,寻求更加科学高效的教育模式,培育德才兼备、敢于担当的栋梁之才,以此推动社会的持续繁荣与发展。同时,我们应充分重视个体在社会道德教育生态系统中的作用,对个体的道德认知和道德行为进行正确的引导,从而推动个体发展与社会道德教育生态系统的良性互动,实现二者的协调统一。

二、道德教育生态过渡带的构建

生态学研究证实了生态过渡带(ecotone)这一特殊生态现象的存在。生态过渡带是指两个或多个群落、生态系统之间的过渡区域,又称"生态交错带"或"群落交错区",例如森林与草原之间的森林草原地带、软海底与硬海底之间的海洋群落过渡带等。生态过渡带通常在环境梯度突变区域(如水体岸边、陡崖与平原交界处)较窄,而在环境梯度平缓区域则较宽,并且对外界的干扰较为敏感。与生态系统中存在着生态过渡带一样,在社会道德教育生态系统中,也存在着道德教育生态过渡带。

(一) 道德教育生态过渡带的概念和特点

道德教育生态过渡带是指在社会道德教育生态系统中,学校、家庭、政府和大众传媒等子系统之间相互影响和渗透而形成的过渡交错区域。在道德教育生态过渡带中,这些子系统各司其职,各种社会思潮激烈交锋,竞逐意识形态主导权,共同构建起多元化的道德教育生态格局。值得注意的是,学校、家庭、政府和大众传媒等子系统的教育目标与内容可能存在差异甚至冲突。这种差异和冲突既对道德教育提出了新挑战,即要求其能够适应不同子系统的特性,实现个性化与差异化,也为道德教育创造了新机遇,即拓展了道德教育的资源维度与实践空间,推动其创新发展。

道德教育生态过渡带具有脆弱性、多样性和活跃性等特点,这些特点使过渡带的道德教育呈现出独特样貌。道德教育生态过渡带的脆弱性表现在该区域对外界干扰的高度敏感性上。在过渡带中,各种社会思潮激烈交锋以争夺意识形态主导权,任何变化(如社会变革、政策调整或文化冲突等)都可能对过渡带造成影响。这种脆弱性要求道德教育必须保持动态适应性,灵活应对各种变化,从而维持过渡带的稳定性。

道德教育生态过渡带的多样性反映在其内部因素的差异化共存上。在过渡带中,不同子系统的道德教育目标、内容和方法等可能存在差异,这种多样性为道德教育提供了更多的选择空间。例如,学校可以比较不同道德教育理念和方法的优劣,选择最适合本校的道德教育方案;家庭可以根据孩子的特点和需求,制订个性化的道德教育计划;政府可以根据社会需求和公众关切,制定有针对性的道德教育政策。

道德教育生态过渡带的活跃性体现在其内部因素的相互影响和相互作用上。在过渡带中,不同子系统的道德教育目标、内容和方法等相互影响、相互渗透,形成了复杂多样的道德教育生态,这种活跃性为道德教育提供了更多的可能性和创新空间。例如,学校可以借鉴家庭道德教育的理念和方法,提高道德教育的针对性和实效性;政府在发挥道德教育引领作用的同时,可以借助大众传媒的传播优势,扩大道德教育的覆盖面和影响力,促进道德教育全民化。

(二) 道德教育生态过渡带的功能

道德教育生态过渡带在道德教育过程中具有"过滤器"与"放大器"的双重功能,这些功能对提升道德教育的针对性和实效性具有重要意义。道德教育生态过渡带的"过滤器"功能主要体现在其对外界因素的筛选和过滤上。过渡带中存在着各种各样的社会思潮,但是并非所有社会思潮都符合道德教育的目标和要求。因此,道德教育生态过渡带需要充分发挥"过滤器"的功能,筛选出符合道德教育目标和要求的社会思潮,过滤掉与道德教育目标和要求相悖的社会思潮或不利于道德教育的因素,从而维护道德教育的纯洁性和方向性。

道德教育生态过渡带的"放大器"功能体现在其对内部因素的放大和强化上。道德教育生态过渡带中存在着复杂多样的道德教育目标、内容和方法等,但是不少道德教育目标、内容和方法等无法得到充分有效的实现。因此,道德教育生态过渡带需要充分发挥"放大器"的功能,放大和强化那些具有重要价值但尚未得到充分有效实现的道德教育目标、内容和方法等,使其在道德教育过程中发挥更大的作用,从而提高道德教育的针对性和实效性。

(三)道德教育生态过渡带在道德教育实践中的作用

首先,道德教育生态过渡带可以为道德教育提供个性化和差异化的空间。应当承认,不同子系统的道德教育目标和内容本身存在一定的差异甚至冲突,并且这些差异和冲突不应被抹平。基于此,可以根据不同子系统的特点和需求,制订个性化的道德教育方案:学校可以依据学生的年龄、性别、兴趣等因素,设计满足不同学生需求的道德教育课程和活动;家庭可以根据孩子的性格、习惯、爱好等因素,制订个性化的家庭教育计划;大众传媒可以基于社会需求和公众关切,制订有针对性的道德教育宣传方案。

其次,道德教育生态过渡带通过筛选外界因素、强化内部因素,能够有效提升道德教育的针对性和实效性。如前文所述,在道德教育生态过渡带中,各种社会思潮激烈交锋以争夺意识形态主导权。不过,并非所有社会思潮都符合道德教育的目标和要求。针对这样的现状,道德教育生态过渡带的筛选、过滤功能,能够甄别符合道德教育目标和要求的社会思潮,排除相悖因素;同时,道德教育生态过渡带的放大、强化功能,能够增强道德教育的效果,有效提升道德教育的针对性和实效性。

最后,道德教育生态过渡带为道德教育的创新提供了发展空间。在道德教育生态过渡带中,不同子系统的道德教育目标、内容和方法等相互交织、相互渗透,形成了复杂多样的道德教育生态环境,正是这种复杂多样性为道德教育提供了创新的可能性:学校可以借鉴家庭道德教育理念,革新传统的道德教育方式;大众传媒可以依托传播优势创新道德教育的宣传手段。这些创新实践将持续推动道德教育体系的完善与发展。

(四)各子系统在道德教育生态过渡带中的作用

对个体发展来说,道德教育应贯穿始终,而学校在道德教育过程中发挥着重要作用。在社会快速发展的背景下,受教育者道德认知模糊化、行为失范化等问题日益凸显,学校的道德教育工作正面临诸多挑战,充分发挥学校在道德教育生态过渡带中的作用是应对当前挑战的有效途径。为此,需要做到以下两个方面:一是要以受教育者为中心。道德教育的根本目的在于提升受教育者的道德素养,促进受教育者全面发展。因此,要想充分发挥学校在道德教育生态过渡带中的作用,就必须重视受教育者的个体差异,关注其个性化需求,设计具有针对性的道德教育方案。二是要加强学校内部道德教育生态系统的建设和完善。学校内部道德教育生态系统是学校开展道德教育的基础和支撑,加强学校内部道德教育生态系统的建设和完善,能够有效提升道德教育的针对性和实效性。具体措施包括:优化思想政治教育课堂的建设和管理,加强师德师风建设,完善学校各级组织的运行机制等。

道德教育生态过渡带是一个复杂而重要的概念,它揭示了社会道德教育生态系统中各子系统之间相互交融、过渡的特征。在社会思潮和价值观念日趋多元的当代社会,仅仅依靠学校教授的道德知识难以实现完备的道德教育过程。因此,在充分发挥学校在道德教育生态过渡带中作用的同时,还要充分重视并促进不同子系统之间的协同合作,为受教育者提供更加丰富多样的道德教育资源,促进道德教育的发展和创新。

具体来说,可以从以下几个方面入手:其一,加强家庭和学校道德教育的衔接与配合。家庭是受教育者的第一成长环境,家庭教育对受教育者的道德成长和发展来说至关重要。因此,可以通过家校联合机制,共同制订个性化的道德教育方案,实现家庭和学校道德教育的有机融合。其二,发挥发挥政府在道德教育中的引导作用。政府可以通过制定有关道德教育的法规政策、组织专项活动等方式,推动道德教育的全民普及。其三,重视大众传媒的宣传作用。大众传媒具有广泛的传播范围和影响力,媒体可以通过专题报道、舆论引导等形式扩大道德教育的普及范围和社会影响力。因此,学校可以加强与大众传媒的合作和交流,共同推动道德教育的宣传和普及工作。

三、运作机制要素在社会道德教育生态系统中的发展趋势

未来,教育应当实现从单纯的知识传授向核心素养培育的转型。教师应着重培养学生的创造能力、审美能力、团队协作能力,以及知识在实际情境和社会应用中的转化能力。从思想政治教育运作机制的各要素出发,有两大关键发展方向需要特别关注。

(一) 运作机制要素在道德教育生态场中的作用和功能

从系统论视角构建良好的思想政治教育环境,未来应着重发展生态场教育理论,以及思想政治教育运作机制各要素在道德教育生态场中的作用和功能。构建未来道德教育生态场,需借助数字孪生、AI技术实现人机协同的"智能+德育"模式,整合物联网与GIS数据,将思政课堂与智育、美育、劳育、体育等教育场域数字化映射,构建可视化、智能化的生态场管理监测平台。

1. 道德教育生态场构建的理论基础

道德教育生态场作为跨学科的综合性概念,有机整合了物理学场论、生态学原理和现代科学技术理论。道德教育生态场的构建和完善,有助于提升学生道德素养、促进学生全面发展。

物理学中的场论为理解道德教育生态场提供了重要启示。场论是研究物理量在空间和时间中分布及其相互作用的理论体系,揭示了物理量之间的相互作用机制。同理,道德教育生态场也可视为一种特殊的相互作用场。在道德教育生态场中,知识、行动和品格等要素相互影响、协同运作,使道德

教育生态场的作用和功能得到充分发挥。

在生态学中,生态场是指生物与生物之间、生物与环境之间通过相互作用形成的时空范围。这一概念突出了生物与环境之间的动态平衡和相互作用。在道德教育生态场中,受教育者作为主体,与教育环境(包括教师、课程内容、教学方法等要素)之间同样存在着类似的相互作用关系。受教育者与教育环境之间的双向有益互动,能使道德教育生态场的价值最大化。

随着现代科学技术的快速发展,特别是数字孪生、人工智能和物联网等新兴科学技术的广泛应用,道德教育生态场的构建模式与运作方式正在发生深刻变革。数字孪生技术通过创建与实体校园高度一致的虚拟模型,借助实时数据同步和人工智能分析技术,实现对校园运行状态的全方位感知、动态监测和精准管理。这些新兴科学技术的应用,使得道德教育生态场的可视化呈现与智能化管理成为可能。

2. 知识在道德教育生态场中的作用和功能

(1) 知识是道德教育的基础

知识是道德教育的基础,在道德教育生态场中发挥着重要作用。受教育者通过学习各学科知识,不仅能掌握相关知识和技能,还能形成科学的世界观和良好的道德品质。例如,在语文学习中,受教育者通过研读文学作品中的故事情节、分析人物形象、体悟主题思想,可以深入理解人性的复杂与多样,从而培养宽容、理解与尊重他人的美好品质。又如,在数学学习中,受教育者通过学习和分析数理知识,可以发展逻辑思维能力和辩证分析能力,学会以科学的态度看待问题,为其道德判断提供理性基础。

(2) 知识促进道德认知的发展

知识能够促进道德认知的发展。道德认知本质上是受教育者对道德规范和价值观念的理解和认识。受教育者通过系统学习道德知识和行为准则,能够逐步培养辨别善恶、区分正义与非正义的能力。道德认知的发展是开展道德教育的前提条件。

(3) 知识促进道德实践的开展

知识在道德教育生态场中的作用和功能还体现在促进道德实践的开展上。受教育者通过系统学习道德知识,能够明确自身的道德责任与义务,进而在生活中自觉践行相关道德准则和价值理念。以环保教育为例,当受教育者掌握一定的环保知识后,通常会主动参与垃圾分类、植树造林等实践活动,以实际行动履行环保责任。这种知行合一的转化机制,既强化了受教育者对道德内涵的认知深度,又有效推动了其道德实践能力的持续发展。

3. 行动在道德教育生态场中的作用和功能

(1) 行动是道德教育的关键环节

行动是道德教育的关键环节。通过亲身参与道德实践活动,受教育者能够深刻体会到道德教育的重要价值和现实意义。例如,通过参与志愿服务、社区共建等实践活动,受教育者能够深化对社会责任内涵的理解,并切实体会奉献精神的实践价值。这种沉浸式的道德实践体验,能够增强受教育者的社会责任感,有效提升道德教育的实施效果。

(2) 行动促进道德情感的培养

行动在道德教育生态场中还发挥着促进道德情感培养的重要作用。道德情感本质上是受教育者在道德实践过程中形成的情感体验和情感反馈。当受教育者投身道德实践活动时,其行为产生的正向反馈会触发积极的道德情感共鸣。这种情感共鸣不仅能持续强化受教育者的道德认同感,更能转化为持久的行为驱动力,促使受教育者在反复实践中内化道德准则,最终塑造稳定的道德品格。

(3) 行动促进受教育者的反思

在道德教育过程中,行动能够促使受教育者对自身的道德认知和道德品质进行检验和反思。在开展道德实践时,受教育者可能面临各种困难与挑战,这些经历能够促使他们思考自身行为是否符合道德规范。借助这种反馈机制,受教育者得以持续调整道德行为、提升道德品质。

4. 品格在道德教育生态场中的作用和功能

(1) 形塑品格是道德教育的核心目标

形塑品格是道德教育的核心目标。品格是指个体在长期生活实践中所形成的稳定的道德品质和价值观念。通过构建道德教育生态场,能够有效培养受教育者良好的品格和素养,例如诚实守信、尊重他人、勇于担当、乐于奉献等。这些稳定、良好的品格和素养不仅有助于受教育者个人的成长和发展,而且对维护社会和谐稳定和推动社会进步也具有重要作用。

(2) 品格塑造与知识、行动的相互作用

品格塑造与知识、行动之间存在密切的互动关系。知识为品格塑造奠定理论基础和认知前提,行动则是品格塑造的实践途径和检验依据。通过系统学习道德知识并开展道德实践,受教育者能够逐步形成良好的道德品质和正确的价值观念。同时,良好的道德品质和正确的价值观念有助于受教育者更深入地理解和运用知识,并能促使其更积极地投身于道德实践之中。

(3) 品格在道德教育中的持续影响

品格在道德教育中的持久影响力主要体现在对受教育者行为的长期塑造作用上。当受教育者养成良好品格与道德素养后,这些内在品质将成为其行为的内在动力与自律准则。无论遭遇何种情境与挑战,他们都能恪守道德准则与价值取向,做出恰当的道德判断与行为抉择。这种深远影响既促进受教育者的个人成长与发展,也为社会和谐稳定与文明进步提供持续动力。

5. 现代科学技术在道德教育生态场中的创新应用

(1) 数字孪生技术

数字孪生技术能够创建与实体校园高度一致的虚拟模型,借助实时数据同步和智能分析功能,实现对校园运行状态的全方位感知、动态监测和智能管理。在道德教育过程中,数字孪生技术可用于创设多样化的虚拟道德教育情境。受教育者得以沉浸式体验道德教育,并通过即时反馈机制对自身行为进行检验和反思。这种虚拟实践模式既能有效提升受教育者的道德认知水平和道德实践能力,又可显著降低道德教育实施成本和潜在风险。

(2) 人工智能技术

人工智能技术可以实现对受教育者行为的智能分析和评估。通过采集并分析受教育者的日常行为数据(包括言行表现、社交互动等),人工智能技术能够对受教育者的道德品质和价值取向作出客观评价,帮助受教育者及时对自身行为进行反思和改进。该技术还能应用于开发智能道德教育学习系统,为受教育者带来更具针对性、互动性的道德教育学习体验。

(3) 物联网技术

物联网技术可以实现对受教育者行为的动态监测和即时反馈。通过在校园关键区域装置的智能感知设备,物联网可以实时采集受教育者行为数据并进行智能分析。当监测到受教育者出现不符合道德规范的行为时,物联网将自动触发预警机制,并通知教师及时进行干预和处理。这种智能化的监测反馈技术能够及时纠正受教育者的不当行为,促进其道德认知和行为习惯良性发展。

综上所述,知识、行动、品格等要素在道德教育生态场中发挥着重要作用。这些要素相互关联、彼此促进,共同构建起完整的道德教育体系,为受教育者的全面发展,尤其是思想品德的培养和提升提供了有力支撑。现代科学技术的不断发展,尤其是数字孪生、人工智能和物联网等技术的兴起,正在推动道德教育生态场在构建模式和运行机制方面持续创新。展望未来,这些技术将在道德教育领域产生更深远的影响,为受教育者提供更优质的教育资源与教育环境。

当然,我们需要清晰地认识到,道德教育具有长期性和复杂性特征,需要多方主体积极配合、共同努力。在构建道德教育生态场的过程中,应注重培养受教育者的自主能力、创新精神和批判性思维,引导其树立正确的世界观、人生观和价值观。同时,必须重视受教育者的个体差异和多元需求,为其提供个性化、精准化的教育服务。只有这样,才能有效实现道德教育的目标,培养出品德高尚、行为规范的新时代人才。此外,未来可进一步探究道德教育与智育、美育、劳育等领域的互动和影响,这将深化我们对道德教育本质规律的认识,为道德教育提供更加科学有效的指导。

(二)运作机制要素对构建社会共同体的意义和作用

在全球化和信息化浪潮的推动下,人类社会正经历着深刻变革。互联网技术的迅猛发展既提升了信息传播效率,也催生了良莠不齐的各类思潮,这些思潮容易干扰公众判断,并在网络空间快速扩散。在此背景下,思想政治教育的核心价值更加凸显——通过培养个体品格,凝聚社会伦理共识,逐步构建社会共同体,最终实现自由人联合体这一理想目标。

在多元价值社会中,需要持续探索运作机制要素对构建社会共同体的意义和作用。未来,我们将以人与自然、社会和思维的关系为切入点,坚持以人民为中心的发展理念,通过弘扬利他精神来增强人际信任,秉持包容差异的原则,构建多元且富有韧性的社会共同体。在此过程中,要注意规范知识生产过程,激发受教育者的行动诉求,培养其稳定的品格特质。这样,社会共同体就能凭借良好的价值认同和制度保障而保持稳定。

1. 知识:社会共同体的认知基础

知识是人类对客观世界的主观反映,是人们在实践活动中积累的认识和经验。在社会发展过程中,知识不仅是个体成长与发展的重要基础,更是社会共识形成与维系的关键要素。

知识能够帮助人们理解世界、认识自我,进而在不同个体间建立共同认知和价值判断。在多元价值社会中,普及科学知识、传播先进文化有助于增进人们对社会现象的理解,减少误解与偏见,从而促进社会共识的形成。同时,共同的知识背景和文化传统是增强社会凝聚力的重要纽带。通过共享知识,人们能够发现彼此的共同点并产生共鸣,进而强化对社会的认同感和归属感。此外,知识的积累与创新是推动社会进步的关键动力。鼓励知识创新、促进知识交流能够激发社会创造力和活力,从而推动社会持续发展。

在构建社会共同体的过程中,必须严格规范和把控知识生产过程:一方面要尊重不同学科和文化背景下的知识差异与多样性,促进多元知识的共存与发展;另一方面要加强对知识传播渠道的监管,防范虚假信息和极端思潮的传播。同时,应注重培养公民的批判性思维和独立思考能力,使其在面对复杂多变的社会现象时能够作出理性判断和正确选择。

2. 行动:社会共同体的实践载体

行动是指人们为实现某种目的而进行的实践活动。在构建社会共同体的过程中,行动作为连接个体与社会的桥梁,是将知识转化为实践的关键环节。根据性质和目的,行动可分为生产性、政治性、文化性等类型。

行动是个体实现自我价值和社会价值的重要途径。例如,通过参加社会实践活动,人们能够发挥才能和潜力,为社会作出贡献,从而提升自我价值。同时,行动具有调节社会关系、促进社会和谐的作用。在多元价值社会中,倡导积极向上的行动理念和行为规范,有助于引导人们正确处理个人与他人、个人与社会之间的关系,减少矛盾和冲突。例如,组织群众性社会实践活动不仅能激发人们的积极性和创造力,还能推动社会制度完善和社会进步。

在构建社会共同体的过程中,应注重激发受教育者的行动诉求。具体而言，既要通过思想政治教育引导受教育者树立正确的世界观、人生观和价值观，增强其社会责任感和使命感，又要通过社会实践活动，为受教育者提供实践锻炼的平台，使其在实践中锤炼品格和能力。此外，还需注重培养受教育者的团队合作精神和集体荣誉感，促使其在行动中相互支持和协作，共同为构建社会共同体贡献力量。

3. 品格：社会共同体的精神支柱

品格是个体在道德、品质、性格等方面的综合体现。品格由道德品质、心理素质和行为习惯等多个维度构成。作为衡量个体素质和社会文明程度的重要标准，品格在构建社会共同体的过程中发挥着关键作用。

品格高尚者能够以身作则，引领社会风尚健康发展。在多元价值社会中，树立先进典型和榜样人物有助于激发人们的向善之心和进取之志，从而推动社会风气持续向好。同时，品格是社会稳定的重要基石。通过加强道德教育和法治教育，可以强化人们的道德意识和法律意识，使其自觉遵守社会规范和法律法规，从而维护社会秩序、保持社会稳定。此外，品格的塑造和提升是人的全面发展的重要内容。注重品格培养能够促进个体的全面发展，提高其综合素质和社会适应能力。

在构建社会共同体的过程中，在品格培养方面应重视弘扬利他精神。这种无私奉献、为他人着想的精神品质，能够培养人们的同理心和爱心，增强个体之间的信任感和互助精神，进而更好地构建社会共同体。

4. 多元价值社会中构建社会共同体的路径

构建社会共同体必须始终坚持以人民为中心的发展思想，尊重人民主体地位，将人民利益放在首位，切实保障人民各项权益。在满足人民物质需求的同时，要注重加强精神文化供给，不断提高人民的生活质量和幸福感。

在构建社会共同体的过程中，需要充分发挥知识、行动、品格三大要素的协同作用：一是要规范知识生产过程，二是要激发受教育者的行动诉求，三是要培养受教育者稳定的品格。具体措施包括：

（1）加强思想政治教育和道德教育。思想政治教育和道德教育在构建社会共同体的过程中发挥着关键作用。通过加强这两方面的教育，能够引导受教育者树立正确的世界观、人生观和价值观，增强其社会责任感和使命感。同时，要注重培养受教育者的批判性思维和独立思考能力，使其能够正确应对复杂多变的社会环境所带来的挑战。

（2）推动文化多样性和包容性发展。在多元价值社会中，应积极推动文化多样性和包容性发展。尊重不同文化背景下的差异性，促进多元文化共存共荣，为构建社会共同体提供丰富的文化资源和精神支撑。

（3）推进社会治理体系现代化建设。社会治理体系现代化是构建社会共同体的重要保障。要加快推进社会治理体系现代化建设，推动社会治理向科学化、精细化、智能化转型。同时，要加强社区建设，提升基层治理效能。

（4）深化国际交流和合作。在全球化背景下，构建社会共同体需要深化国际交流和合作。通过借鉴国际先进经验，促进共同发展。同时，加强国际文化交流，推动文明互鉴，为构建人类命运共同体作出积极贡献。

唯有如此，才能在全球化和信息化浪潮中确保社会的稳定和繁荣，最终实现人的全面发展和社会的可持续进步。

参考文献

一、专著

[1] 阿伦特.过去与未来之间[M].王寅丽,张立立,译.南京:译林出版社,2011.

[2] 阿伦特.人的条件[M].王世雄,胡泳浩,杨凌云,等译.上海:上海人民出版社,1999.

[3] 阿普尔.意识形态与课程[M].黄忠敬,译.上海:华东师范大学出版社,2001.

[4] 埃里希·弗洛姆.在幻想锁链的彼岸——我所理解的马克思和弗洛伊德[M].张燕,译.长沙:湖南人民出版社,1986.

[5] 北京大学哲学系外国哲学史教研室.西方哲学原著选读(上卷)[M].北京:商务印书馆,1981.

[6] 柏拉图.柏拉图全集(第一卷)[M].王晓朝,译.北京:人民出版社,2002.

[7] 柏拉图.柏拉图全集(第二卷)[M].王晓朝,译.北京:人民出版社,2003.

[8] 布迪厄.实践感[M].蒋梓骅,译.南京:译林出版社,2003.

[9] 布尔迪约,帕斯隆.再生产:一种教育系统理论的要点[M].邢克超,

译.北京:商务印书馆,2002.

[10] 陈秉公.思想政治教育学原理[M].沈阳:辽宁人民出版社,2001.

[11] 陈万柏,张耀灿.思想政治教育学原理[M].北京:高等教育出版社,2007.

[12] 陈寅恪.金明馆丛稿二编:陈寅恪集[M].北京:生活·读书·新知三联书店,2001.

[13] 德沃金.认真对待权利[M].信春鹰,吴玉章,译.北京:中国大百科全书出版社,1998.

[14] 笛卡尔.第一哲学沉思集[M].庞景仁,译.北京:商务印书馆,1986.

[15] 笛卡尔.哲学原理[M].关文运,译.北京:商务印书馆,1958.

[16] 董雅华.思想政治教育哲学问题研究[M].上海:复旦大学出版社,2019.

[17] 冯刚,郑永廷.思想政治教育学科30年发展研究报告[M].北京:光明日报出版社,2014.

[18] 高清海.马克思主义哲学基础(上册)[M].北京:人民出版社,1985.

[19] 郝明君.课程中的知识与权力[M].重庆:重庆大学出版社,2009.

[20] 赫斯特豪斯.美德伦理学[M].李义天,译.南京:译林出版社,2016.

[21] 黑格尔.小逻辑[M].贺麟,译.北京:商务印书馆,1980.

[22] 经济合作与发展组织(OECD).以知识为基础的经济[M].杨宏进,薛澜,译.北京:机械工业出版社,1997.

[23] 卡尔·波普尔.客观知识——一个进化论的研究[M].舒炜光,卓如飞,周柏乔,等译.上海:上海译文出版社,1987.

[24] 勒薇尔.福柯思想辞典[M].潘培庆,译.重庆:重庆大学出版

社,2015.

[25] 李义天.美德伦理学与道德多样性[M].北京:中央编译出版社,2012.

[26] 理查·罗蒂.哲学和自然之镜[M].李幼蒸,译.北京:生活·读书·新知三联书店,1987.

[27] 理查德·桑内特.肉体与石头——西方文明中的身体与城市[M].黄煜文,译.上海:上海译文出版社,2006.

[28] 列宁.列宁全集(第五十五卷)[M].北京:人民出版社,2017.

[29] 列宁.列宁选集(第二卷)[M].北京:人民出版社,2012.

[30] 刘书林,陈立思.青年思想政治教育学原理[M].北京:中国青年出版社,1999.

[31] 陆庆壬.思想政治教育学原理[M].上海:复旦大学出版社,1986.

[32] 罗洪铁.思想政治教育学专题研究[M].重庆:西南师范大学出版社,1999.

[33] 罗素.人类的知识——其范围与限度[M].张金言,译.北京:商务印书馆,1983.

[34] 罗素.哲学问题[M].何兆武,译.北京:商务印书馆,2007.

[35] 马克斯·舍勒.知识社会学问题[M].艾彦,译.北京:华夏出版社,2000.

[36] 马克思,恩格斯.马克思恩格斯全集(第二卷)[M].北京:人民出版社,1957.

[37] 马克思,恩格斯.马克思恩格斯全集(第三卷)[M].北京:人民出版社,1960.

[38] 马克思,恩格斯.马克思恩格斯全集(第三卷)[M].北京:人民出版

社,2002.

[39] 马克思,恩格斯.马克思恩格斯全集(第十九卷)[M].北京:人民出版社,1963.

[40] 马克思,恩格斯.马克思恩格斯全集(第二十卷)[M].北京:人民出版社,1971.

[41] 马克思,恩格斯.马克思恩格斯全集(第四十六卷)[M].北京:人民出版社,1979.

[42] 马克思,恩格斯.马克思恩格斯文集(第一卷)[M].北京:人民出版社,2009.

[43] 马克思,恩格斯.马克思恩格斯文集(第二卷)[M].北京:人民出版社,2009.

[44] 马克思,恩格斯.马克思恩格斯文集(第四卷)[M].北京:人民出版社,2009.

[45] 马克思,恩格斯.马克思恩格斯文集(第五卷)[M].北京:人民出版社,2009.

[46] 马克思,恩格斯.马克思恩格斯文集(第八卷)[M].北京:人民出版社,2009.

[47] 马克思,恩格斯.马克思恩格斯文集(第九卷)[M].北京:人民出版社,2009.

[48] 马克思,恩格斯.马克思恩格斯选集(第一卷)[M].北京:人民出版社,1972.

[49] 马克思,恩格斯.马克思恩格斯选集(第一卷)[M].北京:人民出版社,2012.

[50] 马克思,恩格斯.马克思恩格斯选集(第四卷)[M].北京:人民出版

[51] 马文·明斯基.情感机器[M].王文革,程玉婷,李小刚,译.杭州:浙江人民出版社,2016.

[52] 曼海姆.意识形态和乌托邦[M].艾彦,译.北京:华夏出版社,2001.

[53] 默顿.科学社会学(上册)[M].鲁旭东,林聚任,译.北京:商务印书馆,2011.

[54] 邱柏生,董雅华.思想政治教育学新论[M].上海:复旦大学出版社,2012.

[55] 邱伟光.思想政治教育学概论[M].天津:天津人民出版社,1988.

[56] 邱伟光,张耀灿.思想政治教育学原理[M].北京:高等教育出版社,1999.

[57] 任钟印.世界教育名著通览[M].武汉:湖北教育出版社,1994.

[58] 萨义德.知识分子论[M].单德兴,译.北京:生活·读书·新知三联书店,2002.

[59] 桑德尔.自由主义与正义的局限[M].万俊人,唐文明,张之锋,等译.南京:译林出版社,2001.

[60] 斯宾诺莎.伦理学[M].贺麟,译.北京:商务印书馆,1958.

[61] 滕尼斯.共同体与社会:纯粹社会学的基本概念[M].林荣远,译.北京:商务印书馆,1999.

[62] 王浦劬.政治学基础[M].北京:北京大学出版社,2005.

[63] 吴东莞,沈国权.思想政治工作机制论[M].北京:军事科学出版社,2008.

[64] 亚里士多德.范畴篇 解释篇[M].方书春,译.北京:商务印书馆,1959.

[65] 亚里士多德.尼各马科伦理学[M].苗力田,译.北京:中国人民大学出版社,2003.

[66] 亚里士多德.形而上学[M].吴寿彭,译.北京:商务印书馆,1959.

[67] 亚里士多德.政治学[M].颜一,秦典华,译.北京:中国人民大学出版社,2003.

[68] 余英时.中国思想传统的现代诠释[M].南京:江苏人民出版社,1995.

[69] 张耀灿,陈万柏.思想政治教育学原理[M].北京:高等教育出版社,2001.

[70] 张耀灿,郑永廷,吴潜涛,等.现代思想政治教育学[M].北京:人民出版社,2006.

[71] 张耀灿等.思想政治教育学前沿[M].北京:人民出版社,2006.

[72] 钟启泉,张华.世界课程改革趋势研究:学科课程改革研究(下卷)[M].北京:北京师范大学出版社,2001.

[73] Daniel Kahneman. Thinking, Fast and Slow[M]. New York:Farrar,Straus and Giroux,2011.

[74] Michael Polanyi.The Study of Man[M].Chicago:The University of Chicago Press,1963.

二、期刊报纸

[1] 白彦茹.论英国中小学课程改革与发展[J].外国教育研究,2004(3):18-21.

[2] 蔡曙山.科学发现的心理逻辑模型[J].科学通报,2013(34):3530-3543.

[3] 常永军.思想政治教育学科基本范畴之我见[J].思想政治教育研究,2008(4):25-27.

[4] 陈淑丽,罗洪铁.思想政治教育机制及相关概念辨析[J].思想理论教育导刊,2012(2):79-82.

[5] 郭春娥.思想政治教育学范畴层次性探微[J].高等函授学报(哲学社会科学版),1997(1):8-10.

[6] 黄忠敬.评价一堂好课的"五维度"[J].中国教育学刊,2011(10):57-59.

[7] 孔锴.浅谈20世纪80年代以来的美国基础教育课程改革[J].外国教育研究,2006(2):46-51.

[8] 李焕明.思想政治教育学基本范畴[J].山东师范大学学报(人文社会科学版),2002(1):116-118.

[9] 廖志诚.论思想政治教育机制的内涵及功能[J].思想政治教育研究,2007(1):36-38.

[10] 刘建军.马克思主义学术视野中的信仰概念[J].教学与研究,2007(8):40-46.

[11] 芦雷.美国"世界公民"教育的实施途径[J].教学与管理,2010(34):77-80.

[12] 马奇柯.思想政治教育机制的内涵研究[J].理论探讨,2006(4):174-176.

[13] 马奇柯.思想政治教育机制研究述评[J].求实,2006(5):83-86.

[14] 马奇柯.思想政治教育机制要素及其特性分析[J].学校党建与思想教育,2008(4):19-22.

[15] 石开斌.大众文化视阈下的思想政治教育机制创新[J].黑龙江高

教研究,2009(2):111-114.

[16] 孙文营.思想政治教育学基本范畴体系划分的新视角[J].思想教育研究,2005(4):10-12.

[17] 童世骏.大问题和小细节之间的"反思平衡"——从"行动"和"行为"的概念区分谈起[J].华东师范大学学报(哲学社会科学版),2005(4):16-23+30.

[18] 万美容.论思想政治工作运行机制的建构[J].探索,2000(4):66-68.

[19] 王敏.论思想政治教育机制[J].理论与改革,1999(5):118-120.

[20] 王新刚.思想政治教育学范畴体系的新探索[J].思想政治教育研究,2007(2):32-34.

[21] 徐志远.论建构现代思想政治教育学基本范畴及其系统的方法论原则[J].思想理论教育导刊,2007(3):50-55.

[22] 徐志远.论思想政治教育学基本范畴的逻辑功能[J].求实,2003(4):59-62.

[23] 徐志远.论思想政治教育学基本范畴的逻辑特征[J].求实,2001(12):61-63.

[24] 徐志远.论思想政治教育学基本范畴及其系统的建构原则[J].中国青年政治学院学报,2003(4):53-57.

[25] 徐志远.试论思想政治教育学基本范畴的逻辑结构[J].上海交通大学学报(社会科学版),2002(1):36-40.

[26] 徐志远.思想政治教育学范畴:涵义、特征及功能[J].武汉大学学报(社会科学版),2002(2):227-231.

[27] 徐志远.现代思想政治教育学范畴研究的几个理论问题[J].思想

理论教育,2007(17):13-17.

[28] 徐志远,潘晔,张煜.建立思想政治教育机制是现代思想政治教育学的重要范畴[J].理论界,2007(2):137-138.

[29] 徐志远,张丰清.略论现代思想政治教育学范畴与规律的关系[J].理论界,2007(6):113-114.

[30] 杨国荣.行动:一种哲学的阐释[J].学术月刊,2010(12):21-31.

[31] 易仲屏.思想与行为:思想政治工作学的基本范畴[J].思想政治工作研究,1991(6):23.

[32] 曾凡星.韩国、日本与新加坡构建社会核心价值观途径研究[J].上海党史与党建,2012(3):60-62.

[33] 张成存,臧树华.试论思想政治工作学的基本范畴[J].思想政治工作研究,1986(5):17-18.

[34] 张荆红.公共理性政治社会化的一个成功案例——美国的公民教育及其对中国的启示[J].学习与探索,2008(2):73-75.

[35] 张铁勇.新世纪美国学校德育发展的格局与走向[J].外国教育研究,2010(3):74-78.

[36] 张曦.道德能力与情感的首要性[J].哲学研究,2016(5):121-126.

[37] 赵明玉.法国公民教育述评[J].外国教育研究,2004(6):11-14.

[38] 周利方,沈全.国外核心价值观建设的实践类型及启示[J].理论月刊,2011(11):158-162.

[39] Alexy Buck, Brigitte Geissel. The Education Ideal of the Democratic Citizen in Germany [J]. Education, Citizenship and Social Justice,2009(3):225-243.

[40] Sun Young Park, Jurij Senegačnik, Geoffrey Mbugua Wango. The Provision of Citizenship Education through NGOs: Case Studies from England and South Korea[J]. Compare: A Journal of Comparative and International Education,2007(3):417-420.

[41] 习近平.高举中国特色社会主义伟大旗帜 为全面建设社会主义现代化国家而团结奋斗——[N].人民日报,2022-10-26(1).

后 记

1984年,为满足改革开放和社会主义现代化建设的需要,教育部发布了《关于在十二所院校设置思想政治教育专业的意见》,标志着思想政治教育专业的正式创立。40多年来,在马克思主义理论的指导下,思想政治教育专业建设取得了长足发展。随着研究的深入,该专业开始借鉴其他专业的核心概念和理论框架,开展交叉研究。这既体现了思想政治教育专业本身的综合性特征,也符合专业创新发展的内在要求。需要注意的是,在进行专业交叉研究的同时,必须重视思想政治教育专业的基础建设,提升专业的建设实效,为专业的发展提供坚实的理论支撑和人才保障。唯有如此,才能真正彰显思想政治教育专业的独特价值。

马克思主义哲学范畴体系是各门具体学科的哲学依据,因而也可以用来指导思想政治教育学范畴体系的构建。从现实性角度看,思想政治教育本质上是统治阶级根据社会主流意识形态的内容和要求,用一定的思想政治观念和道德规范,对社会成员有目的、有计划、有组织地施加影响,从而使社会成员形成一致的行动和稳定的品格的过程。在人文社会科学中,思想政治教育学较为直接、强烈地体现了阶级性和意识形态性。当代中国以马克思主义基本理论和习近平新时代中国特色社会主义思想作为意识形态教育的指导理论,思想政治教育学范畴体系的构建更应该以马克思主义哲学范畴体系为指导依据。

通过理论探索可以发现,马克思主义哲学范畴主要分为实体范畴、过程范畴和关系范畴三大类。各类范畴并非截然分离,而是处于动态变化之中:实体范畴需在动态过程中延展,过程范畴体现了动态特征,关系范畴则表现为映射对应关系。思想政治教育学范畴体系的构建也应当遵循这一分类方法。

从思想政治教育过程中可以发现:实体范畴关涉知识、行动、品格、教育主体;过程范畴主要指实体范畴的产生、发展和转化;关系范畴是指学科知识与受教育者行动和品格间的规律性认识。过程范畴和关系范畴可以表现为各基本范畴,如疏通引导(教育方法)、言教身教(教育形式)、奖励惩罚(教育工具)等。

思想政治教育学通过知识触发受教育者的行动,在培养情感、增强意志、坚定信念的过程中,深化受教育者的知识、指导受教育者的行动、培养受教育者的品格。思想政治教育学范畴体系由核心要素(知识、行动、品格、教育主体)和其他若干基本要素共同构成。在研究思想政治教育运作机制时,需要重点考察知识、行动、品格、教育主体这四个核心要素相互作用和发展变化的规律。

通过对知识、行动、品格这三个核心要素的深入分析可以发现,理想状态下的思想政治教育应当实现知识、行动、品格在受教育者身上的有机统一,即力求实现行信增知、知行增信、知信促行的良性循环。同时,在研究思想政治教育运作机制时,需要重点把握两大关系:既要深入理解个体内生态系统与社会道德教育生态系统之间的交互作用,也要系统考察学校教育与社会教育在道德培养过程中的过渡形态。

上述内容呈现了笔者在本书中的主要思考脉络,其中大部分观点已在前文有所阐述。随着研究的不断深入,笔者愈发认识到这一研究课题的重要意义和广阔空间。由于个人研究能力有限,因此书中仍有诸多有价值的问题有待深入探讨:品格教育与德性伦理学的理论关联尚未充分阐明;从个体品格到社会伦理共识,再到社会共同体构建的完整路径仍需系统梳理;学校道德教育生态系统与社会道德教育生态系统之间的知识能量交换机制也需进一步细化……基于本书目前的研究成果,笔者将在后续研究中对这些问题进行更深入的探索。

在本书写作过程中,我的导师董雅华教授及其著作《思想政治教育哲学问题研究》为我提供了重要启发。我深深受益于董老师的悉心指导和鼓励:董老师在我思路枯竭时指导我搭建书稿框架,同时鼓励我将天马行空的想法转化为符合学科规范的学术表达,并为书稿的进一步完善作了密密麻麻的批注。尤其令我感动的是,董老师不仅关注我的学业发展,还经常为我解答工作和生活中的困惑。这份恩情我将永远铭记,并将这种"燃灯精神"传承下去。

邱柏生教授是我的另一位导师。授课时,邱老师渊博的学识常常给予我深刻的启发。在本书写作最困难的阶段,我曾陷入迷茫与彷徨,而邱老师总是不厌其烦地为我答疑解惑。我至今难忘与邱老师讨论书稿的场景:他准备了七八页密密麻麻的修改意见,逐一剖析书稿中的问题,令我豁然开朗。更难得的是,邱老师经常与学生讨论时事热点。他总能指出问题的关键之处,并且提出许多新颖视角,极大地拓展了学生的思维。在今后的人生中,我期待能够继续学习邱老师的人生智慧和学术风范。

同时,我还要感谢高国希、王贤卿、张奇峰、叶方兴等老师。高国希老师是一位儒雅睿智的学者,其课堂教学和课后交流使我受益匪浅。本书中关于德性伦理学部分的写作有幸得到高老师的指点。我将继续学习高老师渊博的学识和严谨的治学态度。王贤卿老师在授课和书稿写作过程中不断给予我指导与鼓励,引领我逐步成长。我将继续以王老师的谦逊品格和高标准学术要求为榜样。张奇峰老师在日常教学中也给予我诸多指导和启迪,尤其是他讲授的当代社会思潮课程中那些富有启发性的讨论场景，至今令我记忆犹新。我将继续学习张老师睿智的思想和对新事物敏锐的洞察能力。叶方兴老师在复旦大学从事博士后研究期间，与我进行了多次学术交流，充分展现了其卓越的学术洞察能力和出色的写作能力。他对书稿提出的修改建议深刻透彻，使我获益良多。我将继续学习叶老师刻苦钻研的治学精神。

此外，我还要感谢我的家人和朋友，特别是我的妻子方罕琼。她在我忙于工作和书稿写作时承担了大量家庭琐事，同时作为书稿的读者提出了许多宝贵意见。此刻我伏案写作时，她正在家中辛勤地陪伴照顾女儿。愿我们继续携手同行，互相扶持，共度人生美好年华！

最后，我还要感谢复旦大学外国语言文学学院的各位领导和老师。学院十分支持我利用业余时间从事学术研究，本书的出版还得到了学院出版基金的支持。本书汇集了我在复旦大学学习和工作期间的思考和感悟，由于学术水平有限，因此这些思考和感悟难免存在不成熟之处，但我仍愿将这些粗浅的想法呈现出来，与各位有识之士交流。"理论是灰色的，而生命之树常青"，恳请各位读者批评指正！

王亚鹏敬识
2024年10月于沪上复旦园

图书在版编目（CIP）数据

知识·行动·品格：思想政治教育运作机制新论 / 王亚鹏著. -- 上海：上海教育出版社，2024.12.
ISBN 978-7-5720-1936-4

Ⅰ. D64

中国国家版本馆CIP数据核字第2025MN0679号

责任编辑　袁梦清　陈杉杉
封面设计　金一哲

知识·行动·品格：思想政治教育运作机制新论
王亚鹏　著

出版发行	上海教育出版社有限公司
官　　网	www.seph.com.cn
地　　址	上海市闵行区号景路159弄C座
邮　　编	201101
印　　刷	上海商务联西印刷有限公司
开　　本	700×1000　1/16　印张 12.25
字　　数	157千字
版　　次	2024年12月第1版
印　　次	2024年12月第1次印刷
书　　号	ISBN 978-7-5720-1936-4/A·0002
定　　价	78.00元

如发现质量问题，读者可向本社调换　电话：021-64373213